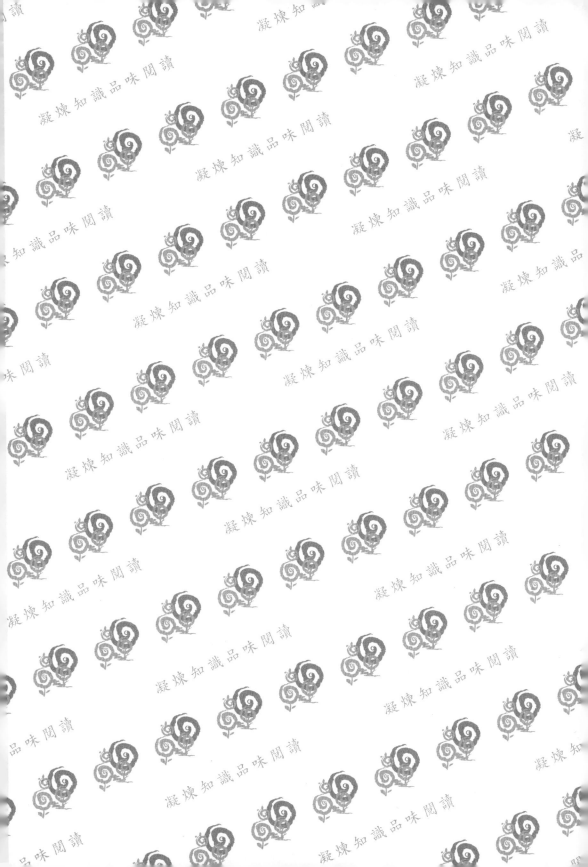

亞洲之鑽石龍

賴錦全—————————————————主編

文志、賴錦全
李曉娟、李昭華—————————————著

新加坡

五南圖書出版公司 印行

序

　　新加坡共和國（Republic of Singapore）位處東南亞的島國（城邦國），其地理位置處位於中南半島最南端，扼守著麻六甲海峽（Malacca Strait）的最南端出口，北面與馬來西亞（Malaysia）以柔佛海峽（Straits of Johor）相隔，南面與印度尼西亞（Indonesia）以新加坡海峽（Singapore Strait）相隔，並且以新柔長堤（Johor-Singapore Causeway）與第二通道兩座橋梁相連於新馬兩岸之間。控制太平洋與印度洋的通道，為世界上最大港口和重要的國際金融中心，城市基礎設施亦名列世界前茅。新加坡由新加坡島等 63 個島嶼組合而成為一個島國，總面積約為 728 平方公里，其國境具有極高的綠化程度，因而有享譽國際之「花園城市」美稱。

　　新加坡是多元文化社會的典範，由不同種族群體組成，以馬來人、華人和印度人為三大群體，截至 2023 年 6 月，新加坡總人口約為592 萬人，常住居留人口為 415 萬人（總人口數包括新加坡居民和非居民，常住居留人口包括新加坡公民和永久居民），其中常住居留人口民族組成保持穩定。常住居留人口華人占 74.0%，馬來人占 13.5%，印度人占 9%，其他族人占 3.4%（Department of Statistics Singapore, 2024）。

　　本書分為四個章節，每個章節探討不同主題：第一章分析新加坡國際暨雙語教育（賴錦全博士），內容包括新加坡國際教育實施概況、新加坡雙語教育緣起及使用族群、新加坡雙語教育實施策略。第二章探討新加坡經濟發展與人力資源布局（張李曉娟博士），內容包括新加坡經濟概況、新加坡人力資源運用及新加坡未來經濟展望。第三章剖析新加坡人才競爭力與人才政策的借鏡（李昭華博士），內容包括新加坡人才競爭力概況、新加坡技術移民以及人才引進政策及探討新加坡外傭制

度。第四章闡述新加坡經濟發展與未來展望（許文志博士），內容包括新加坡發展經濟的防疫（COVID-19）措施、新加坡的經濟現況、新加坡為發展經濟開發水資源策略及新加坡經濟發展的未來展望。透過上述章節論述，將全方位呈現相關主題，讓讀者對新加坡有更深刻的理解與認識。

　　此書具有重要的價值。首先，有助於讀者及語言相關工作教育者，對於新加坡在其教育體制上，落實教育國際化，並藉由展現其有效的語言政策推動，提升國人及國家整體競爭力的多面向理解。其次，讓讀者深入了解新加坡經濟特色，新加坡政府如何讓國家從轉口港變成製造及工業化的中心並創造工作機會吸引外來投資，擘劃新加坡的未來，朝向金融中心、航空及海運國際中心發展。再者，讓讀者進一步了解新加坡關鍵人才政策、新加坡金融管理局（MAS）持續推出具有吸引力的稅收優惠政策、外傭制度及技術移民，以促進讀者來日與新加坡之間的商務交流。

　　最後，本書展望新加坡未來的經濟發展，透過回顧 COVID-19 防疫期間，政府進行的經濟發展措施，及後疫情時代，新加坡中央銀行放鬆融資政策，全力支持防疫回復建築業的景氣等，政府發揮了財政總動員的力量，使新加坡位處地理位置為其經濟發展優越條件，促進經濟繁榮；又是亞洲地域金融中心，新加坡扮演核心價值的任務。透過對新加坡經濟面的介紹及分析，期讓讀者能掌握經營戰略先機，對將來無論個人或機構與新加坡交流，皆能如魚得水，旗開得勝。

主編　賴錦全

目　錄

Chapter 1

新加坡國際暨雙語教育

賴錦全[*]

---

[*]　美國路易斯威爾大學課程與教學博士，現任國立雲林科技大學應用外語系兼任副教授、
　　雲林縣政府雙語政策推動小組諮詢委員、雲林縣政府中英雙語翻譯特聘專員。

前言

　　新加坡是一個多元種族、多元文化、多元語言的國家，由不同族群組成，包括華人、馬來人、印度人及歐亞人。新加坡以其多元文化和宗教包容性為特點，致力於建立一個多元種族共存的社會。而其人民識字能力與家庭使用語言，在多元族裔使用之多元語種，產生社會、經濟及多元文化之國際化發展的重要關鍵因素。然而，語言與文化之相輔相成為不可分割之共同體，這使得教育國際化之過程中，全球共通性語言落實在各國之雙語教育更顯其重要性。新加坡開國總理李光耀曾指出：「英語使我們能直接吸收西方工業知識和技術。沒有對使用英語的堅持，新加坡就不能使她的經濟找到新的基礎，也就不會具有今天所擁有的國際和地區經濟中心的地位。英語是新加坡四種官方語言之一，是一種世界語言，也是廣泛傳播的優勢語言。新加坡人堅信學習和掌握英語能使自己順利地直接吸收西方豐富的資訊，學習和掌握先進的科技知識和管理經驗，迅速提高新加坡國際化的進程。」（徐穎，2003；王威，2006）。

　　本章節就新加坡國際教育實施情形及雙語教育緣起和發展與語言使用族群結構，以及雙語教育實施策略等議題，匯集各專家學者之研究論點及寶貴意見，提供予讀者及相關教育工作者參酌。

第一節　新加坡國際教育實施概況

壹、國際教育意涵

　　國際教育（International Education）意指一種動態概念（Dynamic Concept），涉及跨政治和文化邊界的人，心智或思想的旅程或活動。全球化（Globalization）現象促進了它的發展，全球化現象日益消除了

地理對經濟、社會和文化安排的限制。該概念涉及廣泛的學習，例如正規教育（Formal Education）和非正規學習（Informal Learning），包括培訓、交流專案和跨文化交流等，它還可能涉及學術前景的重新定位，例如以追求「世界視野」（Worldmindedness）為目標，以使學校或其學術重點被視為國際性的（International）。例如，全美州立大學協會（National Association of State Universities）規定採用反映國際、社會、政治、文化和經濟對話的「適當教育」（Proper Education）。國際教育工作者負責設計、管理和促進計畫和活動，幫助參與者適當、有效和合乎道德與不同文化的人和思想進行互動（Moran Hansen, 2002; King, Marginson, Naidoo, 2011; Wiseman, 2018; Tan, 2015; Punteney, 2019）。

依據邱玉蟾（2012）於全球化時代國際教育中的意識形態中提出，國際教育的意識形態包含複雜、隱性以及能動的元素，對其進行觀察和理解尤為困難。在全球化時代，國際教育已成為各國教育體系中不可或缺的一環，然而，多數教育工作者對於這一領域的意識形態缺乏概念和實務經驗。經由其批判的角度解讀國際教育相關論述和研究，歸納出四種主要的意識形態，包括民族主義、國際主義、全球主義和世界主義。其中對於從事教育國際化活動是國際教育學習者達成學習目標的歷經過程，而國際主義（Internationalism）的意識形態「促進世界秩序及和平福祉」方是實施國際教育的背後目的。學生從「學習起點」到「學習目標」（提升國際素養及發展國際態度），透過各式教育國際化活動的設計來促成。從「國際主義意識形態」觀點出發，進行教育國際化，以期達到「提升國際素養與發展國際態度」，相對於單純為達到「提升國際素養與發展國際態度」目標而進行的教育國際化是有所區別的，可見教育國際化的學習歷程從設計到實施以致目標達成皆是極其關鍵，教育國際化與國際教育之關係如圖1所示。

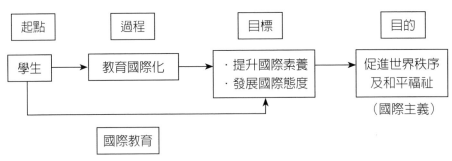

圖1　教育國際化與國際教育的關係

資料來源：邱玉蟾，全球化時代國際教育中的意識形態，2012。

　　邱玉蟾提出教育國際化是一個過程也是一種活動，並依上述四種意識形態在全球化過程中展現不同的發展趨勢，形成了「國際教育意識形態座標架構」（如圖2），提供教育工作者一個理解、觀察和分析國際教育意識形態的工具。

　　第一象限「本國學生在海外的教育國際化活動」，這個象限活動以出國交流與留學爲重點。出國交流與留學較常見於高等教育階段，惟近年來有向中小學教育延伸的現象，交流活動包括：交換、訪問、研習、實習等；留學活動則包括研讀語言、學士、碩士、博士等學位課程，也包括雙聯學位、遠距教學等（Pandit, 2009）。

　　第二象限「本國學生國內課程的國際面向」，這個象限活動以國際面向課程爲重點，把國際元素置入學科領域之中。就實用性而言，可讓國內學生具備全球化的知識與技能；就價值性而言，學校有責任培育具全球觀的公民（Jones & Brown, 2007）。國際面向課程對高等教育、中小學教育、國際學校教育而言都是需要的，實施方式包括校內課程的國際面向、雙語課程、國際課程等。

　　第三象限「國際學生在國內的教育國際化活動」，這個象限活動以接待交流與招收國際學生爲重點，是出國交流的反向操作。接待交流常見於高等教育、中小學教育、國際學校教育、國際教育援助等；招收

國際學生則以高等教育階段為最多。接待交流或招收國際學生對於學校單位及國家財源相當有挹注，國際間經常將國際教育視為「招收國際學生」的同義詞，並將之納入國際貿易的「服務業」協定之中（Pandit, 2009）。

　　第四象限「國際學生在海外的教育國際化活動」，這個象限的活動以建立海外國際夥伴關係、設立國際分校或國際學校為重點。然而，教育國際化本身是中性的，沒有意識形態問題，惟對不同國家而言，教育國際化的目標──「提升國際素養與發展國際態度」雖然相同，但實踐的方法卻相異，同一個國家在不同教育階段，也常會有不同的教育國際化重點。例如，全球化帶動的人力流動，以及國際教育人口的增加，讓第二象限的「國際課程」在某些國家如雨後春筍般地大幅成長；又如有些國家特別重視第三象限的「招收國際學生」，而把它當成國際教育的代名詞，這些都是對於教育國際化的片面理解與偏頗誤用，上述見解值得國際教育工作者深思（邱玉蟾，2012）。

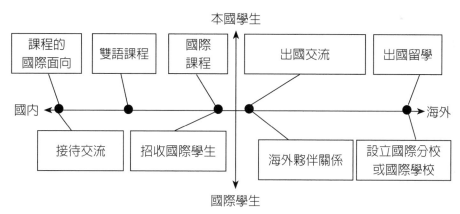

圖2　教育國際化內容座標圖

資料來源：邱玉蟾，全球化時代國際教育中的意識形態，2012。

貳、新加坡人口組成結構

一、人口規模及成長

截至 2023 年 6 月底，新加坡總人口為 592 萬人（如圖 3），較 2022 年 6 月底增加 5.0%。由於 COVID-19 大流行，2020 年和 2021 年人口平均年成長率及總量下降，2018 年至 2023 年過去五年，總人口比率（1.0%）與前五年（0.9%）相當。截至 2023 年 6 月，常住居留人口為 415 萬人，較 2022 年增加 1.9%。在常住居留人口中，公民為 361 萬人，成長 1.6%。永久居民成長 3.7%，達到 54 萬人。隨著出遊的便利與 COVID-19 相關的限制、更多先前留在海外的公民和永久居民連續 12 個月或更長時間返回新加坡，這是最大的一次，是常住居留人口增加的重要因素。截至 2023 年 6 月底，非居民人口為 177 萬人，較 2022 年 6 月底增加 13.1%（如表 1）（新加坡統計局，2024）。

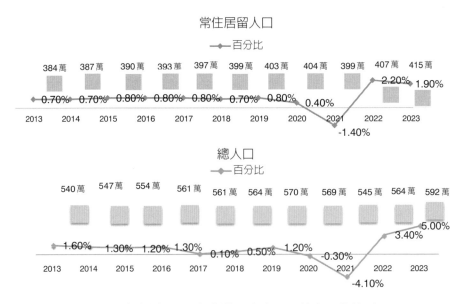

圖 3　新加坡 2023 年常住居留人口及總人口數統計

資料來源：新加坡統計局（Singapore Department of Statistics, DOS），2024。

新加坡國際暨雙語教育

表1 新加坡人口規模與成長（依居住狀況劃分）

年分	單位：仟					年成長率（%）				
	總人口	新加坡居民			非居民	總人口	新加坡居民			非居民
		全部	公民	永久居民			全部	公民	永久居民	
2000	4,027.9	3,273.4	2,985.9	287.5	754.5	2.8	1.8	1.3	9.9	9.3
2010	5,076.7	3,771.7	3,230.7	541.0	1,305.0	1.8	1.0	0.9	1.5	4.1
2013	5,399.2	3,844.8	3,313.5	531.2	1,554.4	1.6	0.7	0.9	-0.3	4.0
2018	5,638.7	3,994.3	3,471.9	522.3	1,644.4	0.5	0.7	1.0	-0.8	-0.1
2019	5,703.6	4,026.2	3,500.9	525.3	1,677.4	1.2	0.8	0.8	0.6	2.0
2020	5,685.8	4,044.2	3,523.2	521.0	1,641.6	-0.3	0.4	0.6	-0.8	-2.1
2021	5,453.6	3,986.8	3,498.2	488.7	1,466.7	-4.1	-1.4	-0.7	-6.2	-10.7
2022	5,637.0	4,073.2	3,553.7	519.5	1,563.8	3.4	2.2	1.6	6.3	6.6
2023	5,917.6	4,149.3	3,610.7	538.6	1,768.4	5.0	1.9	1.6	3.7	13.1

註：

1. 2000 年的成長率是指過去十年的年化變化。自 2010 年起，成長率是指較上年發生變化。

2. 2003 年起的數據不包括連續離開新加坡 12 個月或比參考期更長者。

3. 總人口包括新加坡居民和非居民。常住居留人口包括新加坡公民和永久居民。非居民人口包括外國人在新加坡工作、學習或生活但未獲得永久居留權的人（不包括遊客）和短期訪客。自人口普查以來，新加坡的人口估算是採用基於登記的方法編制的 2000 年人口。人口的基本計數和概況是根據一個人的居住地常住居留人口地，即法律上的概念。

資料來源：新加坡統計局（Singapore Department of Statistics, DOS），2024，本研究整理。

二、多元種族人口結構

馬來西亞和新加坡是多元文化社會的典範，儘管它們的文化適應意識形態不同。在馬來西亞和新加坡，「文化」或「多種文化」的社會建構主要是在種族認同或「民族多元化」領域中定義的。這是兩國從當時英國殖民統治者繼承下來的遺產。這種多元化的變體是英國人根據西

方的世俗資本主義制度創造的，而從人口的角度來看，這兩個國家默認都是多元文化的，由不同種族群體組成，以馬來人、華人和印度人為三大群體，兩國都由三個主要民族組成，但比例卻截然不同。在馬來西亞，馬來人占人口的 50.4%，華人占 23.7%，原住民占 11%，印度人占 7.1%，其他種族占 7.8%。在新加坡，華人比例為 74.2%，馬來人為 13.3%，印度人為 9.1%，其他種族為 3.3%（Noor, 2013）。由於其殖民歷史，種族一直是馬來西亞的核心政策問題，並且仍然如此。在新加坡，城邦國家不相信平權行動，而是更願意在多元文化意識形態的基礎上管理文化認同（Berry & Kalin, 1995; Berry et al., 1977）。截至 2023 年 6 月底新加坡常住居留人口民族組成保持穩定。常住居留人口華人占 74.0%，馬來人占 13.5%，印度人占 9%，其他族人占 3.4%（如圖 4）（新加坡統計局，2024）。

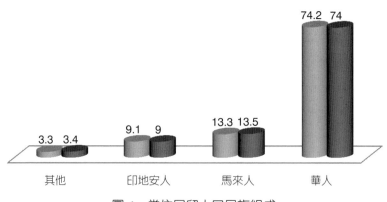

圖 4　常住居留人口民族組成

資料來源：新加坡統計局（Singapore Department of Statistics, DOS），2024。

參、新加坡高等教育與國際教育之衝擊

　　新加坡的高等教育政策和發展受由外部和內部環境引起的社會經濟變化的影響。存在作為一個小城邦和一個開放的經濟體，新加坡從未將自己與其他國家隔離。全球化挑戰帶來的改變。執政的人民行動黨（People's Action Party, PAP）始終讓全社會充分認識到潛在的挑戰和區域與全球背景下的威脅（Quah, 1999）。

　　1999 年，新加坡政府發表了一份題為《新加坡 21》的報告：〈齊心協力，我們有所作為〉（Together, We Make the Difference），強調這個島國可能如何因應二十一世紀知識經濟的出現。在無邊際知識經濟，知識與資訊日新月異。創意發想日新月異，以供職場及人力資源所需之終身學習（Singapore Government, 1999）。新加坡政府已確定全球化與資訊科技革命作為兩大驅動力成為新世紀變革的後盾。除了貿易流量的增加和投資、全球化也涉及人員、思想和知識的流動。全球化不是一種選擇，而是一種必然。這意味著新市場、增加投資和機會。教育在培養公民方面發揮重要作用，管理全球化的影響。同時，政府預計需要為工人和下一代做好終身學習的準備及就業能力（Goh, 1979）。

　　新加坡與香港和馬來西亞等其他東亞國家一樣，非常熱衷於將該島國發展成為區域高等教育中心。為了促進目標實現，新加坡政府近年來已開始進行對其高等教育體系進行了全面審查。基於根據國際諮詢報告和建議，政府推出了不同的高等教育改革階段。改革策略的核心是選擇更多「有利於競爭」的政策工具來改善治理新加坡的高等教育。此外，新加坡政府也選擇了邀請國外幾所知名大學設立分校新加坡的校園，而國立大學一直在經歷公司化、市場化的經驗，以增加盟高等教育入學人數及提高公民的全球能力，政府更促進了新加坡「跨國高等教育」的發展（Mok, K. H., 2008）。

一、新加坡高等教育國際化

　　新加坡自 1965 年宣布獨立以來，其高等教育發展所取得的成就受到了世界各國的矚目。其高等教育發展歷程，主要可分為新加坡高等教育的初創時期、發展時期以及變革時期。獨立之初，政府掌握高等教育領導權且確立了高等教育實用主義的發展方向，透過借鏡其他發達國家高等教育的經驗，進行對本國高等教育發展進行改革規劃。然而，新加坡政府為使其高等教育繼續保持國際競爭優勢，實行了大學自治改革與高等教育規模擴張改革，並為 2015 年後新加坡高等教育發展制定了新的戰略規劃。新加坡獨立後的教育格局，不僅沒有統一的學制，其教學品質亦參差不齊，而且各學校的教學語言也不統一。因此，在建國初期，新加坡教育發展的重點是基礎教育和中等職業技術教育。一直到了 1970 年代末，新加坡漸已建立了比較完善的學術軌、職業軌和技術軌的教育體系，並使中等教育更加多元，進入 1980、1990 年代後，新加坡政府將教育關注重點轉向「職業技術培訓的人力資源」，開始加大對中學後教育機構、大學和多科技術學院的投資。在 1985-1995 年，新加坡高等院校在校生人數由 3 萬 9,913 人增加到 7 萬 3,939 人，成長率為 185.25%，基本上達到了吸收 20% 的適齡青年進入大學，40% 進入工學院的目標。新加坡的高等教育已由此步入大眾化教育的發展時期（張曉珊，2018），新加坡高等教育國際化的特點說明如下：

（一）高薪聘請高水平教師及教育專家

　　為了進一步發展高科技，提高科學理論研究水平，新加坡成立了國際人力資源小組，去海外招聘高級人才，彌補國內科技力量和師資的不足。該小組主要招聘中國（包括香港）、臺灣、俄羅斯、印度、澳大利亞等國的專家、教授或留學生，並提供高薪和舒適住房等優惠條件，將他們充實到新加坡大專院校的科研和教學職位，以提升院校的辦學水準。

（二）加強國際間學術、人員的交流及教學科研的合作

1. 加強學術之間的國際交流

　　過去，新加坡與國外的學術交流只處於一種私人對私人的交流。如今，已擴大到學校與學校之間的正式交流和合作活動。新加坡國立大學（National University of Singapore, NUS）、新加坡工學院（Singapore Polytechnic）、南洋理工大學（Nanyang Technological University, NTU）自 1985 年起各自執行了擴大國際學術交流的十年發展計畫，而且預計在這十年中，總共要拓展百餘種國際學術交流渠道。

2. 加強教師之間的國際交流

　　新加坡鼓勵本地教師到國外攻讀研究生課程或參加人員交換計畫，各大學都積極支持並定期資助教師參加國際學術活動。例如，政府專門設立了「總統獎學金」和「公共服務獎學金」，每年選派優秀的學生和教師到世界上競爭最激烈的一流大學去深造。

3. 加強學生之間的國際交流

　　2000-2001 年，新加坡南洋理工大學與上海交大、美國哥倫比亞大學、英國愛丁堡大學等國外知名大學，共簽署了 29 份學生交換協議。新加坡南洋理工大學的目標是到 2005 年百年校慶時，要創辦 5 所海外學院，參加海外交換計畫的學生要增加 3 倍，達到學生總數的 20%。

4. 進行教學與科學研究的國際合作與交流。

　　新加坡大學增加了與外國學校和機構的聯繫，積極開展多種形式的合作辦學和科學研究。目前，新加坡與西德、日本和法國合作建立了 3 所專科的技術學院，適應了新加坡經濟發展的需要。

（三）充分利用高科技手段

　　新加坡大學在教學中廣泛採用各種高新技術，比如國際網際網路、多媒體技術等，不斷提高教學的效率和品質。並且為了建成新加坡第一個數位化圖書館，南洋理工大學啟動了一個新的計畫──電子媒體服務通道（GEMS），GEMS 是以為師生提供一個獲取大量知識和資訊

的站點為目的而設計的，與校園內現有的 IT 基礎設施緊密相連，提供師生許多資源，諸如：視聽材料、多媒體光碟、線上資料庫、電子期刊、電子書籍等（冀琳琳，2007）。

另外，根據王春英（2016）提出對於新加坡教育國際化的發展要點歸納如下：

（一）全球聲譽及競爭力

1. 新加坡的教育體系在全球擁有極高聲譽，2007/2008 年的全球競爭力報告中，教育品質全球第一。
2. 獲得國際著名顧問公司麥肯錫的高度評價，被視為成功的範本。

（二）政府引進西方教育理念及改革

1. 政府高度重視引進西方先進教育理念。
2. 快速實施相應改革，包括卓越學校模式和教育國際化。

（三）教育國際化的實現

1. 學生評量標準國際化，以英語為主要教學媒介，學生需掌握至少兩種外語，參加劍橋水準考試。
2. 教師聘任國際化，吸引全球頂尖教育人才，公開進行聘任過程，薪資水準在全球排名前列。
3. 大學專業設置國際化，根據市場需求適時適地調整，政府與世界人才需求保持緊密聯繫，培養國際知識的高水準複合人才。

（四）國際交流與合作

1. 大學積極與國際知名大學進行交流合作。
2. 設立海外分校、實施學生交換計畫，並建立全球科技大學聯盟，擴展學術視野並提升學術研究水準。

總體而言，新加坡的國際教育成功歸功於政府引進西方教育理念、實施相應改革，以及在學生評量、教師聘任、大學專業設置和國際交流等方面實現的教育國際化策略。

二、新加坡國際教育視野

李岩、楊文君、張瑋瑋（2011）指出，新加坡於 1965 年獨立，短短四十六年間，由一個貧窮落後的國家發展成爲世界排名居前的發達國家，其成功可歸功於務實的教育體制。這一體制培養了大批推動國家高速發展的菁英人才，而其教育的國際化視野更是其精髓所在。新加坡的教育國際化視野對中醫藥高等教育提供了重要的啓示。

（一）雙語教學奠定堅實基礎

1. 公平對待各族語言

新加坡是一個多民族國家，包括華族、馬來族、印度族等，爲了公平對待各民族語言，官方語言包括英語、馬來語、華語、坦米爾語。這種多元語言政策爲全民提供了公平競爭的平台，尤其以英文作爲全民的共同語言。

2. 英語爲主要教學媒介語言

新加坡政府早期認識到教育是經濟發展的關鍵，因此確立了以英文作爲通往國際的語文。這使得新加坡能夠與世界全面接軌，吸引跨國企業，成爲亞洲金融中心。英文教育的成功成果是新加坡在今天成爲數千家跨國企業的落腳地和亞洲金融中心。

（二）國際接軌的評估形式

新加坡政府爲全國學生提供至少十年的普通教育，結合國際公認的評估形式，如劍橋水準考試，確保學生通過這些考試即可進入新加坡或國際上相應的高等學校，實現中小學教育的國際化。

（三）國際化高等教育模式

新加坡的大學模式是國際化的最佳體現，評估指標包括國際化的教研人員、國際學生、文章引用次數等。政府資助的大學按照國際化評測要求進行建構，吸引全球學生和教職員工。

三、新加坡國際教育特色

根據陳俊欽（2017）與冀琳琳（2007）所提到的新加坡教育的特色主要體現在以下幾個方面，對臺灣提升教育競爭力有啓發性：

（一）教育體制特色

1. **分流教育**：新加坡的小學即實施菁英教育，全國採用能力分流。這有助於篩選出菁英人才，同時提供社會所需的職業人才，值得臺灣參考。

2. **菁英政策**：新加坡文化結合現代英國文化和傳統儒家文化，強調菁英主義和等級觀念。菁英教育的成功對於維持競爭優勢至關重要，是國家發展的重要因素。

（二）國際化特色

1. **國際化教育**：新加坡積極吸引世界知名大學到當地設立分校，或與國外知名大學合作。這有助於培養具有國際視野和能力的人才，提升國家競爭力。

2. **教育投資特色**：新加坡政府對教育的投資預算僅次於國防預算，將教育視爲國家生存與發展的重要基石，這種高度的政府關注和支持爲教育的繁榮發展提供了強大動力。

（三）跨國教育特色

跨國教育發展：新加坡從教育服務的輸入國逐漸轉向教育服務的輸出國，成爲跨國教育的重要參與者。這不僅有助於經濟發展，也提高了國家的國際地位。

（四）提升臺灣教育競爭力的啓示

1. **早期分流教育**：考慮在小學階段實施分流教育，以更早地發現和培養學生的特長和優勢，促進多元發展。

2. **強化菁英教育**：重視菁英教育，建立符合現代社會需求的教育體系，以培養具有卓越能力和國際競爭力的人才。

3. **加強國際化**：積極與國際知名大學合作，引進國際化教育資源，提升學術水平和國際競爭力。

4. **增加教育預算**：提高教育的國家投入，確保教育體系的健康發展，並為學生提供更優質的學習環境。

5. **促進跨國教育**：鼓勵本土教育機構參與跨國教育，提高臺灣在國際教育市場的影響力。

6. **注重英語學習**：將英語學習納入教育體系的重要組成部分，提高學生的國際溝通能力。

7. **充分利用科技手段**：採用高新技術，優化教學資源，提升教學效果，使教育更具吸引力。

8. **建立完善的教育品質保障機制**：加強對私立教育機構的監管，確保提供優質的教育服務。

9. **專業人才培養**：加強培養各領域的專業人才，提升教育體系的整體素質。

10. **優化教育環境**：提供安全、舒適、具有國際視野的學習環境，吸引更多國際學生和優秀教育人才。

　　上述這些建議的實施有助於臺灣教育體系更好地適應現代社會需求，提高競爭力，同時提供學生更全面的成長機會。

四、新加坡國際發展經驗

　　傅鈺涵（2021）指出新加坡的教育國際化，主要表現在新加坡高等教育的國際發展經驗上。以下是相關內容的要點歸納：

（一）新加坡高等教育國際化經驗

1. **頂層設計（Top-Down Design）與國際化理念強化**：強調頂層設計，深化國際化理念，視之為成功的關鍵。

2. **建立科學完善的運作機制**：快速建立高效運作的高等教育國際化機制，以提高管理效能。

3. 創建優質國際化課程：打造具特色的國際化課程體系，同時建立靈活的教學品質評估機制。

4. 打造國際特色辦學品牌：強調辦學品牌，開創內涵發展新路徑，注重可持續內涵發展。

（二）高等教育國際化可持續發展

1. 背景與趨勢：以全球化為基礎，高等教育國際化是不可避免的趨勢。

2. 定義：高等教育國際化包括跨國界和跨文化的觀點與大學的教學、研究、社會服務等功能結合的全面變化的過程。

3. 發展策略：以本國高品質高等教育為基礎，面向未來和世界，培養國際人才，服務國際社會，實現高等教育的可持續內涵發展。

（三）新加坡高等教育國際化狀況

1. 簡介：新加坡迅速發展成為國際服務中心，政府重視知識產業和培養國際視野的創新人才。

2. 發展目標：提升高等教育品質、增強國際學術交流、追求卓越，發展成為國際學術中樞。

（四）新加坡高等教育國際化策略舉措

1. 全球觀、國際化、全面性的政策支持：制定資訊科技計畫、新的起點策略，成立國際學術諮詢團，推動高等教育國際化。

2. 國際化的教學管理評鑑體系：建立科學完善的評鑑體系，嚴格把控教學效果，提供專業支援。

3. 國際化的高等教育課程體系：推動國際化課程，與世界名校合作，設立特色課程，培養具國際視野的綜合應用型人才。

4. 國際化的人才優勢：強調國際化的師資配備，吸引國外學生，提供多元交流學習機會，重視海外校友資源。

5. 科學研究交流國際化：打造國際級的科研平台，與世界知名大學建立合作，推動學術交流和科研合作。

五、新加坡跨境教育發展面臨的挑戰

依據冀琳琳（2007）提及，新加坡跨境教育發展面臨的挑戰及建議措施歸納如下：

（一）公立教育優勢與私立教育挑戰

1. 公立教育一直被視為公益事業，難以接受將教育視為「服務產業」，這在新加坡與中國社會相近。

2. 私立教育起步晚，層級低，品質保障機制不健全，可能對國際教育服務產業產生不良影響。

（二）地理限制與成本壓力

1. 新加坡地域狹小、土地昂貴、商務成本高，可能限制國際教育服務業的進一步發展。

2. 私立學校面臨提供教室和宿舍的問題，地理條件可能成為制約。

（三）培訓性課程成本與專業人才缺乏

1. 培訓性課程專業性強，需要設施專門化，成本昂貴。

2. 專業的教育人才缺乏，新加坡的人力資源限制將成為發展國際教育服務業的瓶頸。

（四）英語學習與高科技應用

1. 重視英語學習，英語在新加坡被視為吸收西方知識的關鍵，促進國際化進程。

2. 充分利用高科技手段，新加坡大學廣泛採用各種高新技術，如國際網際網路、多媒體技術等，提升教學效率與品質。

（五）其建議措施

1. 加強私立教育品質保障機制，確保良莠不齊的私立學校不損害新加坡的國際教育形象。

2. 探索擴大國際教育服務業的土地使用權，以解決提供教室和宿舍的問題。

3. 在培訓性課程方面，考慮合理降低成本、增進專業人才的吸引力，提高教育服務的競爭力。

4. 加強英語學習推廣，鼓勵更多學生掌握英語，提升國際競爭力。

5. 持續推動高科技應用於教育，提高教學效率，滿足現代社會需求。

六、海外教學實習對臺灣的啓示

　　新加坡南洋理工大學國立教育學院（Nanyang Technological University-National Institute of Education, Singapore；NTU-NIE, Singapore）實行增強型教學實習模式，強調培育「爲教而學」的思考型教師。特別注重實習教師的價值觀，並重視理論與實務的連結。自 2012 年起，NTU-NIE 與加州、奧爾胡斯、哥本哈根、蘇黎世、臺北、懷卡托、赫爾辛基等城市簽訂合約，提供五週的海外教學助理式實習機會。同時，NTU-NIE 也開放簽約學校的學生來 NTU-NIE 進行海外教學實習（劉唯玉，2017）。劉唯玉指出，該海外教學實習對臺灣的啓示如下：

1. 海外教學實習對師資生的個人成長有著深遠的影響，包括重建生活技能、改善人際溝通技巧、建立良好性格、培養文化覺察能力等。同時，海外實習有助於擴展對各國學校系統的理解、增進教學知識、提升英語溝通信心、加強對學生差異的察覺與接受能力，以及提高教師專業能力。這樣的實習有助於培育具有國際視野的未來教師，強化師資生的國際素養，增進其文化理解、人文關懷、國際體驗及培養語言能力。

2. 可參考 NTU-NIE 的增強型教學實習模式，以及海外實習的省思報告格式，強化一般教學實習與海外教學實習的成效。

3. 簽署海外實習合作夥伴學校涉及複雜因素，建議由教育部整體規劃，請已與 NTU-NIE 簽約的臺灣師範大學和國立臺北教育大學代表臺灣師資培育機構簽署臺灣中等師資生與小學師資生的海外實習合

作夥伴學校，以加速各校找到適合的海外實習夥伴，進行師資生的海外實習。

4. 臺灣大學部師資生可在 6 月底至 7 月到新加坡中小學進行為期 4 週至 5 週的教育見習和擔任教學助理，同時可抵臺灣的實習課程時數，相關經費可向教育部申請或向企業界募款。

5. 臺灣研究所師資生可結合國際教育、多元文化教育或比較教育等課程進行海外教學見習和教育實習活動。

6. 海外志工和海外實習可以同時進行，前者與服務學習結合，後者與教育實習課程結合，擴大師資生的國際視野，體驗海外生活與教學，從而對自我以及教育教學專業有更多的省思、了解與學習。

7. 建議師資生在海外教學實習前接受相關的培訓，以確保他們具備應對跨文化教學環境的能力。培訓內容可包括文化敏感度、語言溝通技巧、教學策略的適應性等，以提高在不同文化背景下的適應力。

8. 教育部可與海外合作夥伴學校密切合作，確保師資生在海外實習期間能夠得到適當的支持和指導。這包括建立良好的溝通機制、提供本地導師和輔導人員的支援，以確保師資生在海外的學習經驗得以充分發揮。

9. 在海外教學實習中，鼓勵師資生參與當地社區和學校的文化活動，促進跨文化交流。這有助於擴展他們的視野，深化對當地文化的理解，同時也有助於建立與當地學生和教育工作者的良好關係。

10. 與海外合作夥伴學校建立定期的回饋機制，以評估師資生在海外實習中的表現。這有助於了解師資生的需求，並及時調整培訓計畫，以確保海外教學實習的效果。

11. 教育部可與相關單位合作，提供獎學金和資助計畫，鼓勵更多的師資生參與海外教學實習。這不僅有助於提升臺灣師資生的國際競爭力，也有助於建立更緊密的國際教育合作關係。

12. 持續監測並分析海外教學實習的成效，並將成功的經驗應用到師資

培育體系中。這有助於不斷改進和提升海外教學實習的品質，確保師資生能夠真正受益並發揮潛力。

　　總體而言，海外教學實習是一個豐富而有價值的學習體驗，能夠為師資生提供更廣泛的視野和更深入的專業知識。透過以上建議，臺灣的師資培育體系可以更好地整合國際資源，促進教育的國際化發展。

第二節　新加坡雙語教育緣起及使用族群

壹、新加坡語言多元性

　　新加坡是一個由華裔、馬來裔、印度裔三大族群組成的多元文化國家。根據 2019 年新加坡統計局的數據，華裔約占總人口的七成，馬來裔約占兩成，印度裔則近一成。自 1965 年獨立建國以來，新加坡政府致力於促進國家整體發展，並強調多元種族的國家身分。政府採取避免單一族群文化獨尊的策略，將生存危機和經濟挑戰視為促進民眾群體認同的手段。此外，新加坡強調英語作為主要工作語言的重要性。擁有良好英語程度的國民更容易與世界接軌，能夠有效利用英語能力及時吸收最新的科技、經濟和商業資訊。這不僅有助於個人的發展，也有助於創造有利於國際貿易的環境，進而促進國際經濟的發展（陳之權，2013）。

　　早年，新加坡島上的通用語是馬來語（Melayu Pasar），這是馬來語和漢語的克里奧爾語（Creole），是馬來群島的貿易語言。雖然它繼續在島上的許多人中使用，尤其是新加坡馬來人，但馬來語現在已經被英語所取代。由於英國對新加坡的統治，英語成為通用語言，並在新加坡獨立後成為主要語言（Lee, 2013）。因此，英語是學校的教學語言，也是政府部門和法院等正式場合使用的主要語言。新加坡前總統哈莉瑪·雅各（Halimah Yacob）在 2018 年的演講中表示：「透過教育系統，

我們採用了英語的共同工作語言。新加坡有四種官方語言（Offical Language），分別是英語、馬來語、華語及坦米爾語。而英語是國內通用溝通語言，同時也是政府、商業、法律及教育等領域所使用的主要溝通語言（MOE, 2010）。新加坡憲法（The Constitution of Singapore）和所有政府立法皆以英語撰寫完成，假使新加坡法院（Singaporean courts）使用英語以外的語言，依規定則需要口譯員，以便事務進行。法定公司以英語執行業務，而任何以非英語官方語言（例如華語、馬來語或坦米爾語）編寫的官方文件通常都會翻譯成英語才能接受使用（Dixon, 2005）。

　　1960 年代自獨立後，新加坡政府將馬來語指定爲國語，以避免與新加坡講馬來語的鄰國馬來西亞和印尼發生摩擦，此舉具有象徵性而非功能性目的。它被用在國歌《Majulah Singapura》中，用來引用新加坡的勛章以及軍事命令。新加坡馬來語正式以基於拉丁語的魯米文字（Latin-based Rumi script）書寫，儘管一些新加坡馬來人也學習基於阿拉伯語的爪夷文（Arabic-based Jawi script）。爪夷文被認爲是新加坡身分證上所使用的民族文字。新加坡人大多使用雙語，通常以英語作爲共同語言，以母語作爲學校教授的第二語言，以保留每個人的民族認同和價值觀。根據 2020 年人口普查，英語是家庭中使用最多的語言，有 48.3% 的人口使用英語；其次是華語，29.9% 的人在家中使用華語（Oi, 2011）。近 50 萬人以其他祖傳南方漢語（Varieties of Chinese）爲母語，主要是福建話、潮州話和粵語，儘管這些語言的使用正處在減弱趨勢，取而代之的是普通話（Mandarin）或英語 English。新加坡漢字（Singapore Chinese characters）是用簡體漢字（Simplified Chinese Characters）寫的（Fagao, 1986）。

　　由於新加坡爲前英國直轄殖民地，新加坡英語（Singaporean English）主要以英國英語（British English）爲基礎。惟新加坡使用的英語形式從標準新加坡英語到稱爲新加坡英語（Singlish）的口語形式不

等，政府不鼓勵這種形式，因為它聲稱這是不標準的英語克里奧爾語（English creole），對新加坡人造成了障礙，對學習標準英語和翻譯造成了障礙，除非同為說新加坡英語的使用者外，一般人都無法理解該說話者的意思。標準新加坡英語對於所有講標準英語的人來說都是完全可以理解的，而大多數講英語的人卻聽不懂新加坡式英語（Tan, 2011）。儘管如此，新加坡人對新加坡英語有強烈的認同感和聯繫，因此新加坡英語的存在被認為是許多新加坡人獨特的文化標誌。因此，近年來，政府容忍了新加坡式英語和標準英語的雙語（僅適用於兩種語言都流利的人），同時不斷強調標準英語在只說新加坡式英語（Singlish）的人中的重要性，與其他英語國家的標準英語。

貳、新加坡多元族裔語言使用

新加坡是一個多元種族、多元文化、多元語言的國家，由不同族群組成，包括華人、馬來人、印度人及歐亞人。在英國統治下，形成了複性社會，但由於缺乏統一的規劃，教育品質參差不齊，加劇了民族矛盾。為因應這一挑戰，1966 年新加坡政府實施雙語教育政策，使各族群學生以英語為第二語言。自 1968 年起，中小學理科課程以英語教學，其他學科則使用本民族母語。到 1987 年，中小學全面實行以英語為媒介語、母語為第二語言的雙語教學計畫。該政策取得成功，促進了國家的民族團結、社會穩定和經濟發展（黃岳輝，2004）。因此，新加坡以其多元文化和宗教容忍性為特點，致力於建立一個多元種族共存的社會。而其人民識字能力與家庭使用語言，在多元族裔使用之多元語種，產生社會多元文化發展的重要關鍵因素。（如圖 5、6）

然而，新加坡的多民族混合是英國殖民時期移民政策的結果。作為大英帝國的重要轉口港，它吸引了各種移民，特別是來自中國和印度等其他當時重要的亞洲市場移民。現今大多數人口由華人（74.3%）、馬來人（13.5%）、印度人（9%）和其他歐亞裔血統組成。而官方語言仍

然與其人口組成相關，全國常見四種語言，分別是英語、中文、馬來語和坦米爾語。馬來語是新加坡的國語，也是新加坡馬來族群的母語。儘管大部分新加坡人不會說馬來語，但馬來語被用於新加坡的國歌，也被用於引用在新加坡榮譽制度以及軍事演習指揮。而英語才是新加坡人主要使用的語言。除了母語課以外，它是新加坡學校所有學科的主要教學語言，也是行政管理的共同語言。而大多數華人從中國的福建及廣東地區移民而入，其中以閩南人為大宗，所以新加坡華人有相當的人口比例會說福建話（OOSGA, 2023）。

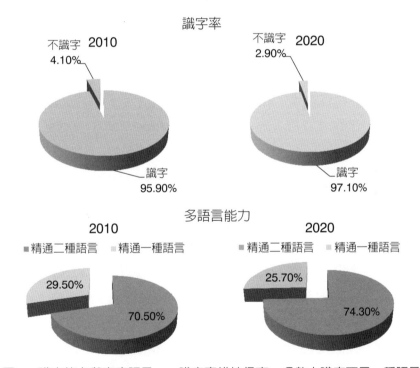

圖5　識字能力與家庭語言──識字率維持很高；多數人識字不只一種語言

註：

1. 識字率：2020 年 15 歲以上居留人口識字率持續維持在 97.1% 的較高水準。

2. 多語言能力：多語言識字能力變得更加普遍。在識字的人中，更多人可以用兩種或多種語言閱讀。

資料來源：新加坡統計局（Singapore Department of Statistics, DOS），2024。

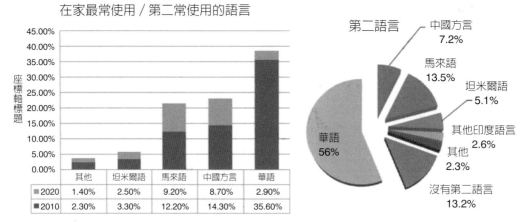

圖6　在家最常使用／第二常使用的語言

註：

1. 2020年5歲（含）以上居留人口中，使用英語作爲在家中最常用語言的比例增至48.3%。

2. 在家中最常說英語的人中，大多數人也將母語或方言作爲第二語言比例。

資料來源：新加坡統計局（Singapore Department of Statistics, DOS），2024。

一、識字能力與家庭語言：識字率與多語言識字能力

　　2020年，15歲以上居留人口識字率仍維持在97.1%的高點（圖7）。三個主要民族的識字率很高，與2010年相比，15-24歲識字居民中多語言識字率仍維持在十分之九的高水平，25歲及以上居民中多語言識字率有所上升。2020年（圖8），45-54歲的識字居民的多語言識字能力增幅最大，有80.0%的居民能夠掌握兩種或多種語言相較之下，2010年這一比例爲63.6%（新加坡統計局，2024）。

新加坡國際暨雙語教育

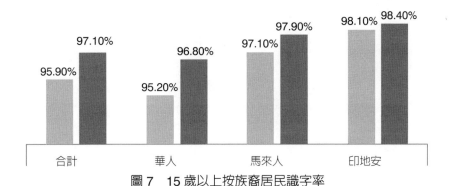

圖 7　15 歲以上按族裔居民識字率

資料來源：新加坡統計局（Singapore Department of Statistics, DOS），2024。

15歲以上居留人口識字率百分比分析

■只會一種語言　■會兩種語言以上

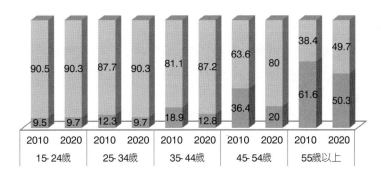

圖 8　依年齡組別及識字語言數量分列的 15 歲以上居留人口識字狀況

資料來源：新加坡統計局（Singapore Department of Statistics, DOS），2024。

二、按族群劃分的語言識字力

三大族群的英語識字率整體上升，而僅識字母語的居民比例則相應下降（圖 9）大多數 15 歲及以上有文化的居民都懂英語和母語。在識

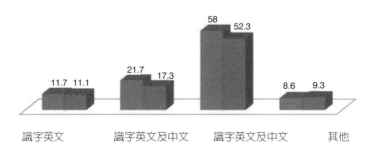

華人識字率百分比

■ 2010 ■ 2020

馬來人識字率百分比

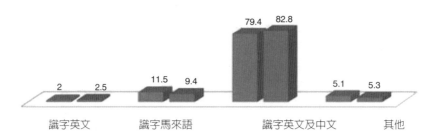

■ 2010 ■ 2020

印度人識字率百分比

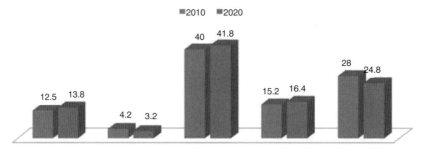

■2010 ■2020

圖9　15歲以上依民族及語言分的居留人口識字狀況

註：「其他」指未在其他地方列出的各自族群下的語言組合。例如，中文下的「其
　　他」包括馬來語、坦米爾語等，而馬來語下的「其他」則包括坦米爾語等。

資料來源：新加坡統計局（Singapore Department of Statistics, DOS），2024。

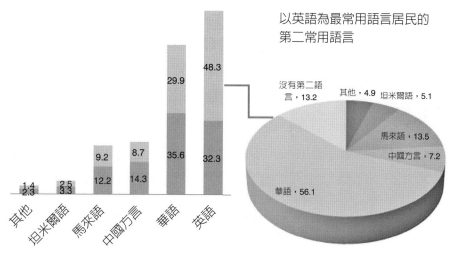

字的華人居民中，只識字英文和中文的比例為 62.3%，而相應的馬來人只識字英文和馬來文的比例為 82.8%。41.8% 識字的印度人只識字英語和坦米爾語（新加坡統計局，2024）。

三、在家中最常使用的語言

2020 年，5 歲及以上居留人口中有 48.3% 的人在家中最常使用英語，這一比例高於 2010 年的 32.3%（圖 10）（新加坡統計局，2024）。

在家中最常用的語言百分比

■ 2010　■ 2020

以英語為最常用語言居民的
第二常用語言

圖 10　大多數在家最常說英語的居民在家中也說當地語言

資料來源：新加坡統計局（Singapore Department of Statistics, DOS），2024。

四、各族裔在家中最常使用的語言

在主要種族群體中，英語作為在家中最常使用語言的使用有所增加（如圖 11）。對於華裔族群來說，英語成為家庭中最常用的語言，

2020 年所占比例爲 47.6%，而普通話和中國方言的比例分別爲 40.2%
和 11.8%。大多數在家中最常說英語的中國人也將普通話作爲在家中第
二常用的語言。2020 年馬來族群中，家中最常說馬來語的比例最大，
但以英語爲主要語言的比例在家中最常使用語言的比例從 2010 年的
17.0% 增加到 2020 年的 39.0%。在家中最常說英語的馬來人中，超過
90% 將馬來語作爲在家中第二常用語言。在印度族裔群體中，在家中
最常說英語的群體在 2020 年維持是最大的群體，比例爲 59.2%，高於
41.6%。2010 年，大多數在家中最常說英語的印度人也說坦米爾語或其
他印度語言，成爲在家中第二常用的語言（如圖 12）（新加坡統計局，
2024）。

在家中最常用的語言百分比

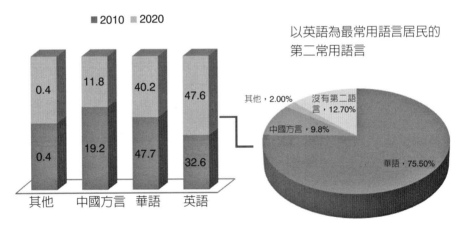

圖11　5 歲（含）以上常住居留人口（依族裔及在家中最常使用／第二常用語
　　　言分）

註：「其他」指未在對應族群下列出的語言組合。例如，華語下的「其他」包括馬
　　來語、坦米爾語等，而馬來語下的「其他」則包括華語、華語方言、坦米爾語
　　等。

資料來源：新加坡統計局（Singapore Department of Statistics, DOS），2024。

馬來人在家最常用的語言百分比

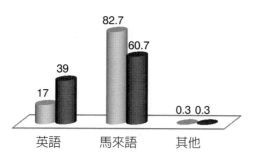

以英語為最常用語言居民的
第二常用語言

印度人在家最常用的語言百分比

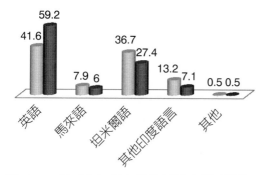

以英語為最常用語言居民的
第二常用語言

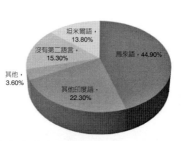

圖12 5歲（含）以上常住居留人口（依族裔及在家中最常使用／第二常用語言分）

註：「其他」指未在對應族群下列出的其他語言組合。例如，華語下的「其他」包括馬來語、坦米爾語等，而馬來語下的「其他」則包括華語、華語方言、坦米爾語等。

資料來源：新加坡統計局（Singapore Department of Statistics, DOS），2024。

五、按族裔和年齡組別劃分，英語作為在家中最常使用的語言

　　年輕人在家中使用英語的情況普遍比年長的人更普遍。依年齡和種

族劃分，2010 年至 2020 年間，在家中最常說英語的比例上升（圖 13）

（新加坡統計局，2024）。

華人居留人口在家最常說英語的百分比

■ 2010 ▫ 2020

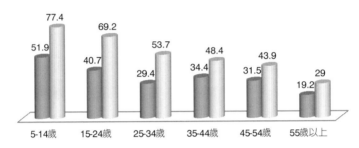

馬來人居留人口在家最常說英語的百分比

■ 2010 ▫ 2020

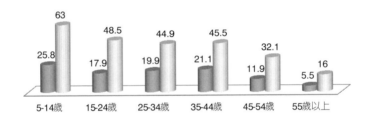

印度人居留人口在家最常說英語的百分比

■ 2010 ▫ 2020

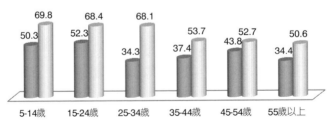

圖 13　分族裔、年齡層的 5 歲（含）以上居留人口在家中最常說英語的比例

資料來源：新加坡統計局（Singapore Department of Statistics, DOS），2024。

六、以英語作為各族裔群體在家中最常使用的語言和取得最高學歷

在所有教育族群中，家中最常使用英語的常住居留人口比例均上升。整體而言，學歷愈高的居民在家中使用英語的頻率愈高。2020年，在 15 歲及以上擁有大學學位的新加坡居民中，英語是 61.2% 的華人、61.4% 的馬來人和 59.5% 的印度人在家中最常用的語言（圖14）。相較之下，在中等以下學歷的人中，9.6% 的華人、13.5% 的馬來人和 34.0% 的印度人在家中最常說英語（新加坡統計局，2024）。

華人居留人口最高學歷在家最常說英語的百分比

■ 2010　■ 2020

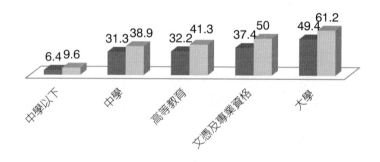

中學以下：6.4　9.6
中學：31.3　38.9
高等教育：32.2　41.3
文憑及專業資格：37.4　50
大學：49.4　61.2

馬來人居留人口最高學歷在家最常說英語的百分比

■ 2010　■ 2020

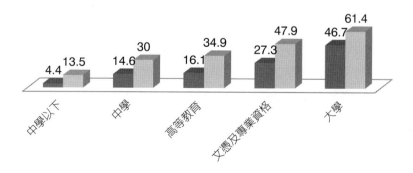

中學以下：4.4　13.5
中學：14.6　30
高等教育：16.1　34.9
文憑及專業資格：27.3　47.9
大學：46.7　61.4

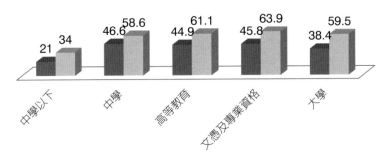

印度人居留人口最高學歷在家最常說英語的百分比

■ 2010　■ 2020

圖 14　15 歲（含）以上居留人口中依族裔及最高學歷在家中最常說英語的比例

註：資料涉及非全日制學生就讀教育機構的居民，包括透過非全日制課程提升學歷的居民。

資料來源：新加坡統計局（Singapore Department of Statistics, DOS），2024

第三節　新加坡雙語教育實施策略

壹、政府重視雙語教育

　　於《李光耀新加坡賴以生存的硬道理》（韓福光等著）一書提及：李光耀（新加坡開國總理）曾經處理過新加坡幾個最為棘手的種族語言相關議題，包括關閉南洋大學，以及強制所有學生在學校學習第二語文。如果不是他傳奇般的政治意志，把自己的遊說能力推到最極限，這些吃力不討好的政策根本不可能推行。他在接受幾位作者訪問時，對自己當年執行這些高度敏感政策的手段並不感到抱歉，而且自始至終堅持當年的決定沒有錯，理由是，這些政策長遠來說是對新加坡是有利的。其中，作者訪談開國總理李光耀，其一問題（韓福光等，2013）：

（作者問）「如今回顧過去，你對雙語政策這些年來的發展可有任何遺憾？」

（李光耀答）「沒有，完全沒有。只是我應該早點發現，要以第一語文水準教導講英語家庭的小孩說華語，會有多麼困難。過去很多年我們一直採用這套教法，學校裡的華文老師在完全不懂英文或拒絕使用英文的情況下教華文，一廂情願地以為學生既然是華人，理應聽得懂。老師們以為，我像以前在華校教書一樣，對著你說華語，你就自然能學會。但是孩子們感到混淆，他們沒法聽懂。我漸漸發現有好些家長為了避開學習華文第二語文而把孩子送到國外讀書。於是我決定作出改變。然後，我見了吳英成，現在的國立教育學院中文部主任。他在倫敦大學亞非學院完成語言學博士研究，必須學習英語，結果順利地考取了博士學位。他說他學英文的方式與我學中文的方式相似──以中文學習英文。翻查字典，了解這個英文字是什麼意思。如果他查的是純英文字典，可能要花上好幾年，也許一輩子都學不會。但他一查英中對照詞典，馬上就明白了生字的意思。我也一樣，也是透過中英對照詞典學中文。所以決定也在學校推行這個方法，讓來自講英語家庭的孩子用英語學好華文。我們在四所學校試驗推行，挺成功的，學生和家長都反應積極。就這樣，我們克服了來自華社的阻力，把這個做法推廣到更多學校。」

一、雙語教育緣起

延續李光耀前總理所提及雙語教育之教學、教材及策略推動，吳英成教授於其「新加坡雙語教育政策的沿革與新機遇之研究」報告中，有進一步精闢的闡述如下：

　　新加坡由華族、馬來族、印度族三大種族組成多元語言、多元文化的國家，各族人口比例爲（Leow, 2001: viii）：華族最大（76.8%）、馬來族其次（13.9%）、印度族居末（7.9%）。英語雖然與代表三大種族的華語、馬來語、坦米爾語皆爲官方語言（Official Language），由於新加坡曾經歷英國長期殖民統治，在政治、經濟、法律等迄今仍沿襲大英帝國體制，因此英語依然是一枝獨秀，作爲官方的主導語言（Dominant Language）。可見，多元族群和政體特徵對新加坡的語言政策產生了決定性的影響。由於華語、馬來語、坦米爾語與英語並列爲新加坡四大官方語言，國家領導人在許多重要的慶典都會以英語和三大種族的個別族群共同語發表演講。國會議員也可以在國會以個別族群共同語發言，但畢竟仍屬於少數，大多以英語爲交流、辯論的主導語言。總之，華語、馬來語及坦米爾語的社會語言地位並不高，既不是政府部門的行政工作語言，也非政經活動的主要交際語言。這三大種族的個別族群共同語的主要功能是傳承族群文化和維繫族群交流，社經地位遠低於英語（吳英成，2010）。

　　吳英成提及，自新加坡 1965 年獨立建國以來，雙語教育即成爲主流教育體系的基石。所有新加坡學生除以英語爲主要教學語言外，還必須修讀所屬族群的「母語」課程。新加坡推行以英語爲主、族群「母語」爲輔的雙語教育政策是人民行動黨政府基於國家發展和族群團結所作出的必然選擇。但是，經過四十多年的推動後，英語不但已成爲本地強勢主導工作語言、跨族群語言、國家語言，未來還可能取代族群「母語」，成爲新加坡學生第一習得語言。在新加坡的華族社群裡，華族學生必須接受「英文爲主，華文爲輔」的雙語教育體制，在基礎教育階段修讀十到十二年的華語課程。但相對於英語應用能力，華語在新加坡的教育體系只是單科，教學時間有限，本地學生聽說能力還行，但讀寫能力卻不斷弱化。新加坡原本期望在雙語教育制度下，能培養華族學生成爲華英雙語同等優異的雙語人才，但從過去四十多年社會語言

環境的變遷，教育當局已意識到雙語教育制度是有所局限的。因此，新加坡政府曾三次進行大規模的華語教學改革，除了修訂更接近現實的有效性教學目標，同時為了栽培應付中國崛起後所需的大量華語人才，也在指定的特選中學開設「雙文化課程」。與其他海外華族學生相比，新加坡學生正規學習華語的時間是最長的，整體水準也比較高。由於新加坡擁有相對優勢的英語和華語應用環境，新加坡華文教師也累積獨特的華語教學經驗，在全球化的浪潮中，新加坡教育工作者如果能善加利用自身的中英雙語優勢，仍然大有可為。新加坡四大官方語言之一的英語，一直是本地政治、經濟、法律、教育、科技、行政等公共領域的高階語言（High Language）與主導語言（Dominant Language）。無論在私人企業或者行政機構等正式情境，英語都被視為主導的行政語言與工作語言。英語在新加坡具有最高的經濟價值，人們要想提高自己的社會地位，非掌握英語不可。因此，英語也被稱為成功人士的語言。除此之外，與其他三大種族族群「母語」相比，英語又是一種「中立性」的語言，並為各族群所接受。因此，也自然成為跨族群的共同語。英語迄今依然一枝獨秀成為官方的主導語言（Dominant Language）並不是偶然的，其中既有早期大英殖民帝國遺留的歷史背景，又有國家獨立後因現實發展和族群和諧共處的考量，成為新加坡政府語言政策的必然選擇。英語因著十八世紀大英帝國與二十世紀美國國勢的壯大不斷向全球延伸，如今已成為全球化時代最強勢的國際語言。在學術、教育、資訊、商業、媒體、娛樂、旅遊、科技等領域，英語都發揮著莫大的影響力。以英語為主要傳播媒介的好萊塢電影、網路遊戲正以前所未有的速度影響著新一代的年輕人。隨著新媒體網際網路時代的到來，英語流利的新加坡年輕一輩接受英美主流文化的速度更是快得驚人。

二、英語及華語之雙語教育角色

　　吳英成表示對於英語在新加坡教育體制中仍占有不可動搖的主導地位。英語不僅是所有新加坡學生必修的第一語言，也是數理、人文等其他科目的教學媒介語。同時也是學校正式活動的主導語言。英語成績好，對學習其他科目幫助很大，因此備受教師和學生的高度重視。英語的教育地位高於華語的主要原因是：在求職就業時，英語的實用價值高，英語已經成為新加坡人工作領域不可少的工具。在可預見的將來，英語獨尊的局面很難改變。

　　對以華語為家庭常用語的學生而言，華語屬於第二語言教學；對以英語為家庭常用語的學生而言，華語屬於外語教學。為協助日益增多的英語家庭背景的華族學生擺脫學習華語初期面臨的困境，新加坡教育部於 2002 年針對這些學生學習華語的特殊需求，聘請吳英成教授擔任學術顧問，在四所小學進行為期兩年的雙語並用華語教學實驗計畫。這四所實驗學校：聖安德列小學、聖彌額爾小學、英華小學（經禧）和美以美小學的學生，九成以上來自講英語的華族家庭。雙語並用華語教學實驗計畫是以學習者的家庭語言背景為考量，採取的靈活且務實華語教學法。這種對症下藥的雙語並用華語教學法，希望幫助講英語家庭學生在友善的情境下，在初始階段解除華語難學的心理障礙，並拉近師生距離。同時，教師抱著同情與支持的態度，了解學生學習華語的困難所在，從而提供有效的學習策略。雙語並用華語教學法是過渡階段的漸進式教學策略，打破原來在新加坡華語科課堂教學不得使用英語的禁忌，允許教師及學生在初始階段以英語為輔助教學語言，而後隨著學生華語程度的提高，過渡到只使用華語進行教學的階段，達到終極學習華語的目標。在這個實驗計畫開始階段，新加坡講華語與講英語族群曾對此課題出現極端支持及反對的兩派爭議，並在中英文媒體掀起軒然大波。但兩年後經過教育部計畫署研究與評鑑組的獨立調查，證實這個實驗計畫

得到實驗班學生、教師、家長、學校各方極高比例的正面回饋，終以具體事實證明其可行性與有效性，教育部因此決定把雙語並用華語教學法從原本的四所實驗小學推廣到十一所小學（Ministry of Education, Singapore, 2004b）。

吳英成強調，為新加坡培養高層次的華語人才一直是政府關注的課題，而開設「雙文化課程」的目的是希望培養一批具備英華雙語能力，同時熟悉中國又有世界觀的本地華族學生（Ministry of Education, Singapore, 2004c）。華僑中學、南洋女子中學、德明政府中學和立化政府中學是率先開辦雙文化課程的四所特選中學。這個課程為期四年：在中三、中四階段，學生除了選讀高級華文外，也可以選修中華歷史和哲學；到了初級學院一、二年級階段，學生可以選修華文、中華文學以及中國通識。修讀此項課程的學生將獲得教育部頒發特別輔助計畫學校獎學金，同時也豁免繳交學費。此外，他們可領取津貼到中國參加長達半年的浸濡課程，以及在歐美國家接受為期兩週的短期浸濡課程。新加坡目前仍然擁有良好的雙語環境，華文媒體和英文媒體都很活躍，華族家庭語言背景也各不相同，既有以華語為家庭常用語的學生，也有以英語為家庭常用語的學生，這都為華語作為第二語言研究提供了多樣性的研究樣本和「實驗室」。因此，吳英成期待，新加坡華語教學學者應該充分利用這一「天然」優勢，在華語教學研究上下功夫，努力提升自己的研究水準，使新加坡成為海外華語作為第二語言的教研重鎮。南洋理工大學國立教育學院中文系作為新加坡唯一的華文師資培訓基地，近年來為新加坡中小學培養了大量的華文教師。這些教師接受的專業訓練都與中港臺的華文教師不同，加上他們在教導新加坡家庭語言背景各異的學生後所累積的獨特教學經驗，在全球掀起華語學習熱潮的今天，這樣一批擁有雙語能力的高素質的華文教師，相信在世界各地都是廣受歡迎的。因此，新加坡華文教師培訓機構十分有希望成為培養華語作為第二語言的專業教師的重要基地（吳英成，2010）。

貳、新加坡雙語教育重要歷程

　　新加坡的教育體系因當年（1999）第三屆國際數學和科學研究（Third International Math and Science Study-Repeat, TIMSS-R），在 38 個國家中，其數學平均分第一（Mullis et al., 1999a）和科學平均分第二而被譽為巨大的成功（Martin et al., 1999）其結果令世界各國印象深刻，但它們對新加坡來說尤其引人注目，因為所有學生接受英語教育（和考試），這對大多數學生而言，並不是主要的語言或母語。然而，新加坡的語言教育政策，官方是雙語的，從上學開始，英語就是所有內容領域教學的媒介，但學生也需要學習他們的官方母語作為一個學科。政府指定學生基於種族的母語，無論學生的種族及家庭語言如何，致使一些學生在學校學習兩種非母語。自新加坡 1965 年獨立直到 1990 年，新加坡開國總理李光耀，引用經濟原因作為國家保留的動力及新獨立的新加坡，新加坡將英語作為官方語言，政府鼓勵英語作為種族間的語言溝通（Lee, 2000）。新加坡曾是英國殖民地，從未有意成為一個獨立的城邦；相反，它於 1963 年成為馬來西亞的一部分，而在與更大的鄰國保持團結。然而，爭論圍繞著新國家中華裔公民的權利而爆發，導致到 1965 年馬來西亞驅逐新加坡。作為一個沒有任何港口的小港口城市，新加坡面臨嚴重的自然資源危機。首先，新加坡選擇成為一個正式的多語言國家，選擇四種官方語言：英語、國語、馬來語和坦米爾語。英語被推廣為種族間交流的「中立」語言，而其他三種官方語言被指定為「母語」主要民族（Kuo, 1980）。這些「母語」的選擇是出於政治動機（Puru Shotam, 1989）。獨立時，新加坡幾乎沒有華人以普通話為主要母語（Chua, 1964），儘管普通話已成為華文教育的語言（De Souza, 1980）。此外，1957 年，新加坡只有約 60% 的印度人以坦米爾語為母語，而約 70% 的馬來人在家以馬來語為母語（Chua, 1964）。其次，新加坡政府制定了雙語教育政策。儘管這個新國家的總理確定只有掌握

英語才能爲新加坡帶來所需的國際貿易、投資和接觸西方科學技術的機會，但他知道出於政治原因，他無法迅速做出轉變（L. Quentin Dixon, 2005）：

> 在每場比賽激烈的時候宣布大家都要學英語並熱情地致力於自己的母語將是災難性的……我不想引發語言爭議介紹了華語（Mandarin）、馬來語（Malay）和坦米爾語（Tamil）三種母語的教學進入英語學校。此舉受到了家長們的一致好評。爲平衡這一點，我介紹了華校、馬來校和坦米爾學校的英語教學。馬來和印度家長對此表示歡迎，但愈來愈多的人更願意將孩子送到英語學校。受過華文教育的中堅分子並不歡迎讓英語成爲通用工作語言的舉措，他們在中文報紙上表達了他們的不滿（Lee, 2000: 146）。

因此，所有新加坡學生都必須學習兩門官方課程語言。然而，即使在 1965 年，英語授課學校的入學人數在一段時間內一直在增加，而馬來語、坦米爾語華語學校的入學人數卻隨之下降（Chiew, 1980）。獨立時，大多數新加坡小學生（57%）已經就讀於英語中學（Khoo, 1983）。新加坡的雙語教育政策可以說在幾個方面都取得了成功。

首先，它成功地將家庭語言的使用從中國方言（Chinese Dialects）轉變爲普通話（Mandarin），也許是無意中，從白話和官方母語轉變爲英語。這項政策實施時，幾乎沒有人以英語或普通話爲母語，只有一小部分菁英達到了高水準的英語或普通話熟練程度。

然而，透過教育和政府資助的講華語運動，新加坡人在大約 20 到 30 年內基本上自學了英語和華語。如此快速的語言轉變也可能伴隨著學術上的成功，這與母語（L1）教學至上的理論相矛盾。目前學生的家長在學校學得足夠好英語（如果是中文，則還包括普通話），能夠對

孩子說這些語言，並且可能選擇這樣做是因爲他們相信在家說學校的語言會有所幫助他們的孩子在新加坡競爭激烈的學校系統中取得成功，並以高薪工作的形式帶來經濟利益。當然，如果新加坡學生的實際母語透過教育系統得到更充分的發展，那麼新加坡學生在母語和英語等內容領域的表現可能會更好；然而，他們在沒有這種條件的情況下的出色表現，表明了透過第二語言（L2）媒介對整個社會進行高水準教育的可能性。今天的新加坡學生可能表現得更好與學習前殖民語言的其他國家的學生相比，他們的母語讀寫能力與英語讀寫能力和概念是共同發展的。

其次，新加坡的政策成功地教育了雙語學生，這些學生的表現與其他以單語爲主的工業化國家的單語學生的表現相當甚至超過。考慮到該政策最初實施時英語作爲大多數新加坡人的非母語的起點，這一成就尤爲引人注目。儘管現在有更大比例的學生表示英語是他們的主要家庭語言，但大多數學生仍然表示華語、馬來語、坦米爾語或其他語言是他們的主要家庭語言，並且現有證據顯示華語和馬來語仍分別是華人和馬來學生的主要口語／聽覺語言。考慮到紮實的口語基礎作爲發展語言讀寫能力的基礎的重要性（Snow et al., 1998），新加坡在培養在口語非主導語言方面取得學術成功的學生方面取得的成功令人印象深刻（L. Quentin Dixon, 2005）。

參、新加坡雙語、雙文化菁英教育的策略推動模式

新加坡的雙語教育歷時已久，最早可追溯到建國前的殖民時期。1956 年，《新加坡立法議會各黨派華文委員會報告書》首次肯定了母語的教育地位和雙語教育的重要性，開了雙語教育的先河。1965 年獨立以後，雖然社會政治和語言環境皆發生了較大變化，但新加坡政府始終將雙語教育視爲是國家主流教育體系的基石。同時，新加坡位處

西文化交會地，其國內三大種族：華族、馬來族和印度族各自都有其悠久的歷史文化。根據多元文化教育學者的觀點，這種多元文化社會最易產生多元文化教育（Multicultural Education），且來自多元文化背景的人民可以透過建構（Construct）、解構（Deconstruct）、重構（Reconstruct）的過程，發展與培養自身的雙文化身分。對華族學生而言，他們所接受的多元文化教育主要指兼通西方文化和中華文化的雙文化教育（Bicultural Education）。隨著時代的變遷及對高端人才的渴望，自1980年代開始，新加坡政府就進行了一系列培育雙語、雙文化菁英的策略。由於新加坡的雙語教育採取的是以英語為主、族群母語為輔的非平衡策略，因此對於華族學生而言，新時期的雙語、雙文化菁英教育特別指學生在掌握英語和西方文化的前提下，對於華語和中華文化也要有較深的了解。換句話說，前者（英語和西方文化）是新加坡當下華族學生的強項，後者（華語和中華文化）則是他們的不足之處，因此，加強對後者的學習就是新加坡雙語、雙文化菁英教育學生要學習的重點（王兵、李旭中，2012）。其策略推動透過以下模式進行：

一、設立特選中小學校

1979年，因應傳統華校的轉型，新加坡政府設立了9所「特別輔助計畫」（Special Assistance Plan）中學，即「特選中學」，分別是：聖公會中學、公教中學、華僑中學、中正中學（總校）、德明政府中學、海星中學、南洋女子中學、立化中學校以及聖尼格拉女子學校。這項計畫規定，惟有小學離校時考試成績最好的8%的考生（約占及格考生的10%），才可以選擇進入這些中學修讀英文和華文都屬於第一語文的特別課程（Special Course）。此項計畫的主要目的是：保留全國最優秀的華文中學，以使學生能在一個有華校傳統的學習環境學好華文和英文，成為保留華校優良傳統雙語的人才。1981年，新加坡教育部為

鼓勵學生進入特選中學，又實施了多項獎勵措施，其中包括申請初級學院的兩分優待（Concession）以及同等條件下的優先權（Priority），如不能應付時還可以選擇考一科第一語文、一科第二語文等。1984 年，新加坡教育部又將 4 所特選中學的附屬小學也列為特選學校，繼續以華文和英文作為第一語文。至 2011 年，新加坡的特選學校已發展到 11 所特選中學和 15 所特選小學的規模，在新加坡雙語、雙文化菁英教育領域扮演了極為重要的角色。

二、開辦官方特色課程

（一）華文語文特選課程（Language Elective Program [Chinese]）

　　為了栽培精通雙語的人才，新加坡教育部於 1990 年在他們的兩所著名的初級學院：華僑中學（高中部）和淡馬錫初級學院開設了「華文語文特選課程」，簡稱「語特課程」。隨後，南洋初級學院、裕廊初級學院、德明政府中學也相繼加入，招生規模不斷擴大，最多一屆達 225 人。本課程的學習為期兩年，劍橋普通教育證書（O 水準）會考成績達到高級華文 B3（或高級華文 B4 與中華文學 B3）或華文 A2 兩個標準中的一個即可加入。在課程內容方面，學習本課程的學生必須修讀 H2 華文與文學科目。自 2008 年開始，所有語特學生必須多選修一科與華文相關的科目，如 H1 華文理解與寫作、H1 中國通識、H2 中國通識、H3 華文與文學等。語特課程的目標非常明確，即培養具有語言天賦的學生，提高他們的語文水平和他們對中華語言文學的認識與了解，栽培學生使之成為精通雙語的人才。20 多年來，華文語文特選課程正在培養雙語人才，也確實做出了極大的貢獻。截止 2010 年，這項課程總共栽培了 2,328 名語特畢業生，其中獲得獎學金的 725 人，所從事的職業涉及教育、傳媒、科技、法律、商業、藝術等領域。

（二）**雙文化課程**（Bicultural Studies Program [Chines]）

　　隨著學生語言背景的改變及中國的快速崛起，新加坡急需培養大批有能力和中國及西方國家溝通的雙語雙文化人才。正如前內閣資政李光耀所言：「要與中國接軌必須超越華文領域；若要跟隨中國發展的步伐，就必須具備『雙文化』能力，了解文化並培養世界觀。」由於特選學校具備雙語雙文化教育的優勢，所以新加坡教育部自 2005 年起，相繼在德明政府中學、華僑中學、南洋女子中學、立化中學等四所特選中學開辦了雙文化課程，培養一批不但精通雙語，而且對中國的歷史、文化以及當代中國政治、經濟、社會等方面有相當認識的雙文化人才。使他們既能和中國溝通，也能和西方交流。這樣的人才可以使新加坡在國際化競爭中處於更有利的地位。雙文化課程從中三到初院二年級，為期四年。在中三、中四階段，學生除了可選讀高級華文外，也可以選修中華歷史和哲學；到了初院一、二年級階段，學生可以選修華文、中華文學以及中國通識。2009 年，第一屆雙文化課程畢業生就取得了優異的成績，如當年 10 名獲得公共服務委員會中國獎學金的學生中就有 7 位來自雙文化課程學校。

三、鼓勵校級旗艦計畫（Flagship Program）

　　除上述官方開辦的特色課程以外，新加坡教育部也鼓勵其他各級學校自行開設雙語雙文化教育的相關課程。其中，新加坡福建會館屬下五所小學開設的「雙文化華文優選課程」（Bicultural Chinese Elective Program）最引人注目。

　　2007 年，道南學校、愛同學校、崇福學校、南僑小學以及光華學校等率先開設了此課程，每年從現有的小四學生中遴選出一批在課業表現優異、又對這項課程有有興趣的學生參加，為期 3 年。課程內容除教育部規定的核心及深廣課程外，還有專為此課程量身訂做的四項內容：中華文化、兒童文學賞析與創作、語言訓練與中英雙語對比分析。另外

還有國內外的浸濡活動、美育課程以及以華語的其他非核心科目，如小組作業、美術、音樂和體育等。開設如此精心設計的特色課程，旨在達到三個目標：1. 培養一群精通雙語、掌握華文聽說讀寫 4 大技能，同時也了解華族歷史文化的小學生；2. 提升本地小學生的華文文化水準；3. 在小學開設雙文化課程，以使將來能與中學及高中的雙文化課程接軌，形成一個完整的體系。

2008 年，在新加坡教育部的支持下，所有特選中學和特選小學也都紛紛開設了具有校本特色的旗艦課程。如華僑中學的「華中戲劇課程」，公教中學的「深濡文化、馳騁神州課程」，德明政府中學的「文史華藝鑑賞課程」，南華中學的「文史哲與實用翻譯課程」，聖公會中學的「中國通課程」，聖尼各拉女校和中正中學（總校）明年推出以華文授課的「O 水準」考試科目「華文媒體」，聖嬰小學的「聖嬰新語」，宏文學校的「中華文化藝術課程」，以及南華小學的「C 無限」等。這些校級旗艦計畫的實施，都在某種程度上推動了新加坡的雙語雙文化菁英教育的發展。

此外，沒有入選特別輔助計畫的特選中小學和初級學院、自主自治學校等也都積極推行他們的與雙語雙文化教育有關的旗艦課程。如自主學校萊佛士初級學院，2005 年起就開設了他們的校級雙文化課程（中國），課程內容包括高級華文、深廣單元和浸濡計畫三個部分，以供他們的學生靈活選擇。其中，對華文有興趣的學生可以選擇高級華文為會考科目；不選華文為會考科目但對中華文化有興趣的學生則可選修非考試的深廣單元。深廣單元的主題涉及中國歷史、中國思想、文化、政治、經濟與新中關係等領域。另外，所有學生也都可以申請到中國學校或公司浸濡 3-4 週。由此可見，經過三十多年的努力，新加坡目前已形成以特選學校為主體平台普及到其他類型的學校，以官方的特色課程為主要途徑，進而擴散至校級課程的雙語雙文化菁英培養模式（王兵、李旭中，2012）。

肆、有助政策推動的作為

針對新加坡雙語、雙文化菁英教育的經驗，王兵、李旭中兩位學者也提出所觀察到的整體政府及社會所作出有助於政策推動的有效作為如下。

一、政府積極倡議並提供經費支持

自 1956 年《新加坡立法議會各黨派華文教育委員會報告書》公布以來，新加坡政府曾多次以報告書甚至是以總理聲明的形式推出一系列相關的法規和政策，積極倡導雙語教育。在菁英人才的培育方面，歷次的華文檢討與課程改革更是關注有加，不僅為培育雙語雙文化菁英奠定基礎，同時也顯示出新加坡政府對雙語教育的高度重視。在大力倡導雙語教育的同時，政府也為此提供了大量的經費保障。從新加坡教育部的年度報告可以看出，新加坡的教育發展支出和日常教育經費支出均逐年增加的。如 2010-2011 學年，政府用於教育發展的費用達到 8.79 億新元，相當於十年前的 5.5 倍；用於日常教育的經費支出達 90.31 億新元，約十年前的 2.1 倍。在雙語雙文化菁英教育方面，政府也給予了充分的經費支持，其中包括設置獎學金和海外遊學經費津貼等。如教育部為中學會考成績優異的語特生每年頒發 1,000 新元獎學金，為期兩年，獲得獎學金的學生同時免繳學費；雙文化課程的特別輔助計畫獎學金與語特課程大致相同。另外，獎學金獲得的海外浸濡活動也能得到教育部的資助。

二、學校富有創意的教學策略

學校是新加坡雙語教育的主體，合理的課程和有效的教學策略是其雙語雙文化菁英教育取得成效的關鍵。就特色課程而言，教育部雖然對於課程架構提出了指導意見，但各學校在具體實施教學時仍有很大的自

主空間，因此，5 所語特學校和 4 所雙文化課程學校都結合學校實際採用了極富校本特色的教學策略。例如，德明政府中學的雙文化課程的教學，就是由其華文部和英文部組合之雙文化學院提供的。所有中 1 至中 4 的德明學生除了學習高級華文及英文文藝外，在中 3、中 4 階段還必須修讀本校的雙語課程（Bilingual Program），而中 3 及中 4 階段學業成績優秀者也可能獲選學習教育部的雙文化課程，修讀「中國通識深廣課」，並有機會參加海外浸濡學習。

三、社會努力營造雙語環境

根據 2010 年教育部母語檢討委員會的調查，新加坡華族學生在家庭裡使用英語的頻率已從 1991 年的 28% 上升到 2010 年 59%。數據顯示，在新加坡的華族人中講英語的比例愈來愈高，學生利用華語進行交際的在大幅縮減，新加坡的雙語環境正面臨全球化帶來的巨大挑戰。在這種情況下，新加坡政府正在利用社區、媒體和民間團體等方面的力量，以努力營造和改善雙語環境。

首先，在新加坡，上至政府總理、部長和議員，下至租屋咖啡店、菜市場的一般民眾，都在竭力學習和使用華語，顯示出一種全民營造雙語環境的決心。

其次，在新加坡的公眾場所，不論是學校、商店、街道，還是旅遊景點或小販中心，到處都有雙語標記，學生隨時隨地都可以接觸到雙語訊息。廣播電視、報紙雜誌等大眾傳播媒體所使用 4 種官方語言，也為新加坡創造了一個良好的社會雙語環境。此外，一些民間團體如宗鄉會館等也積極地協助營造這種雙語環境。

總體而言，雖然在政府、學校和社會的共同努力下，新加坡的雙語雙文化菁英教育目前已取得了一定的成就，但是仍有不少需要改進的地方。例如，雙文化課程發展至初院或高中後，就勢必要解決如何與語特

課程協調的問題；再例如，由各級學校自行開設的雙語雙文化課程，其師資素質能不能達到可以培養雙語菁英人才的水平等等問題（王兵、李旭中，2012）。

四、新加坡雙語教育模式主要特點

黃岳輝（2004）指出新加坡雙語教育獨具特色，立足本國實際，並吸取國際經驗，形成了獨特的雙語教育模式。主要特點如下：

首先，新加坡的雙語教育始於幼兒階段，大多數幼兒園均實行雙語教育，使用美國或加拿大的教材。學校為不同年齡的班級配備英語和華語教師，實行雙語教學。中小學部分學科除了母語、公民與道德教育外，其他採用英語教學，至大學階段全英文講授，使學生能夠熟練掌握兩種語言。

其次，新加坡雙語教育以英語為第一語言，規定其他三種母語作為第二語言教學。這使得學生透過學習其他課程來提高英語水平，同時保持母語的教學，強調理解民族文化價值和保持優良傳統。這種選擇中立的非母語作為第一語言體現了對新加坡特殊國情的尊重，成為雙語教育的獨特特點。

第三，新加坡小學四年級後進行三向分流，分為 EMI、EM2 和 EM3。EMI 修習英語和母語，屬高級程度；EM2 英語為第一語言，母語為第二語言，屬中級程度；EM3 英語為第一語言，母語為第三語言，屬基礎層次。這種分流制度有助於根據學生的水平進行個別化教學，確保他們在雙語教育中獲得適切的支持。

最後，新加坡政府高度重視雙語教育，透過集中管理和執行，確保雙語教育政策的順利實施。這體現在政府強調雙語對於學生未來發展的重要性，並對雙語師資、教材的統一管理。整體上，新加坡雙語教育模式充分發揮了其自身優勢，為學生提供了全面發展的機會，使他們能夠在國際舞臺上更自信、更成功。

伍、雙語教育的卓越成就

　　黃岳輝（2004）並指出新加坡的雙語教育政策取得卓越成就，對國家產生積極影響，主要體現在以下幾個方面：

一、促進國家意識，實現民族融合

1. 雙語教育政策強調以英語作爲中立性語言，有助於培養公民的國家認同，即「新加坡認同」。
2. 透過雙語教育，學生的認同逐漸轉向以英語爲基礎，促進了國家意識的增強，使人們更貼近新加坡，尤其是年輕一代。
3. 透過雙語交流，成功解決各民族之間由語言引起的分歧和爭端，促進民族關係的健康有序發展。

二、提升了基礎教育教學水準

1. 實施雙語教育後，通過劍橋大學統一考試的通過率大幅提高，由 60% 增加到 90%。
2. 英語和第二語言考試的通過率在短短七年內（1979 年至 1985 年）提高了 90% 以上，爲基礎教育發展帶來奇蹟。
3. 雙語教育降低了小學和中學的輟學率，有助於整體教育的銜接和健康發展。

三、提高了社會科技、文化水準

1. 透過雙語教育，更多新加坡人掌握了英語，促進了直接吸收西方最新資訊、學習先進科技和管理經驗的能力。
2. 英語的掌握促進了新加坡的經濟繁榮和國力強盛，推動了從發展中國家向已開發國家的過渡。
3. 官方公布的識字率變化顯示，雙語教育提升了國民文化素質，使得

識字率由 1980 年的 84% 上升至 1990 年的 90%。

4. 雙語人才和多語人才不斷增加，成為新加坡經濟和社會穩定發展的寶貴人力資源。

綜上所述，新加坡的雙語教育政策在國家建設、教育品質和社會發展方面都取得了令人矚目的成就。

陸、新加坡學習母語方案

新加坡教育部 2023 年公布新加坡小學在學校學習母語方案，對於母語的內涵、重要性、實施方式、課程規範及修讀外語規定等，進行明確說明，讓語言教育工作之學校機構及家長學生能有所依循。學生需要在學校學習母語（Mother Tongue Language, MTL）作為第二語言。了解有關 MTL 課程的更多資訊以及如何使學童受益。首先，何謂母語（MTL），在新加坡的學校作提供第二語言，這是一門必修課，有三個官方 MTL：中文、馬來語、坦米爾語。其重要性為，學生可以在 MTL 中更有效地溝通；欣賞他們的文化遺產；與亞洲和世界各地的更廣泛社區建立聯繫。此方案，適用於新加坡小學的所有學生。其實施方式有四：

1. 華裔、馬來族和印度裔的學生將學習他們自己的 MTL。

2. 報名參加雙管比賽（double-barreled race）的學生將根據其雙管比賽的第一部分分配 MTL。那些希望根據其種族的第二部分學習 MTL 的人可以透過他們的學校申請。

3. 歐亞裔或其他種族的學生，如果母語不是官方 MTL 之一，可以透過他們的學校申請學習任何官方 MTL，但須經批准。

4. 非坦米爾語的印度裔學生可以申請學習非坦米爾語印度語（Non-Tamil Indian Language），包括：孟加拉文（Bengali）、古吉拉特語（Gujarati）、印地語（Hindi）、旁遮普語（Punjabi）或烏爾都語（Urdu）。這些語言課程不是由教育部提供的，通常在校外以及課外時間進行。

一、關於母語 MTL 課程規範方面

（一）華文（Chinese Language）課程著重聽、說、讀、寫和互動技巧。
它根據學童的能力量身定制，並提供以下模組：

1. 核心模組（Core module）：適合所有小學生。

2. 橋接 / 強化模組（Bridging/reinforcement module）：如果學童在語言
方面需要更多幫助。

3. 強化模組（Enrichment module）：如果學童有較高的語言學習能力。

（二）馬來語（Malay Language）課程著重於聽、說、讀、寫和互動技
巧。學童可以根據興趣和能力進步到不同的熟練程度。

（三）坦米爾（Tamil Language）語課程著重於聽、說、讀、寫和互動
技能。

（四）高等母語（Higher Mother Tongue Languages）

從 2022 年開始，學校可以從小學三年級（P3）開始提供高級母語
課程。高級馬來語和高級坦米爾語將從 2022 年起在 P3 提供，從 2023
年起在 P4 提供。而在小學四年級（P4）結束時，學校將推薦最適合他
們在小學五年級（P5）的科目組合。根據學童的 MTL 成績，這些科目
可能包括一種官方語言的高級母語。

二、關於學習外語或亞洲語言方面

學童只有在滿足以下條件的情況下才能學習外語或亞洲語言來代替
官方的 MTL：在海外生活了很長一段時間；沒有跟上他們的 MTL 學習；
接受過外語或亞洲語言的正式學習。經批准的外語包括：法語、德語及
日語；經批准的亞洲語言包括：阿拉伯文、緬甸文及泰語。希望學習外
語或亞洲語言以代替官方 MTL 的學生可以透過他們的學校申請。

對於選擇提供外語或亞洲語言考試代替官方 MTL 考試的學生，小
學離校考試（Primary School Leaving Examination, PSLE），不提供這些

科目。在 PSLE 免除 MTL 或提供經批准的外語或亞洲語言的學生將獲得 MTL 分數，以進入中學。同時，家長需要爲學童做私人學習安排，並確保私立教育機構能夠爲學童在中學畢業時準備 GCE O-Level 考試，在升讀下一級別的學習時將有需達到 MTL 的要求（Ministry of Education SINGAPORE, 2023）。

柒、值得學習新加坡的五件事

　　本章文末，透過中國生產力中心的管理知識中心，以及駐新加坡代表史亞平的見解，引述主播李育誠探討臺灣可學習的新加坡五大特色。李育誠先生指出，儘管新加坡在土地面積、人口、資源等方面相對較小，卻以多元民族、多元文化的移民社會取得了相當穩健的發展。在全球金融中心中，新加坡與香港齊名，而新加坡更以電子產品製造、運輸、煉油和國際貿易中轉等多方面的重要性脫穎而出。面對人口相對有限的現實，新加坡政府積極開放移民政策，歡迎投資移民和技術移民，這與其產業發展密不可分。近年來，新加坡在全球競爭力報告中保持整體競爭力的前三名，特別在基礎建設、總體環境、金融市場發展和創新方面表現優異，顯示其「麻雀雖小，五臟俱全」。

　　李育誠先生根據駐新加坡代表史亞平的觀察，進一步歸納出新加坡的五大值得學習之處，也是其特色之一。這包括成功的族群融合政策、政府的完善育才政策、近乎瘋狂的綠化政策、國際聞名的政府效能，以及以法治爲基的高薪養廉。這些特色爲新加坡的優越發展提供了基石，同時爲臺灣未來整體發展提供了寶貴的參考。透過與新加坡的合作，臺灣有機會累積經驗和資訊，轉化爲自身的國際競爭優勢。

　　李育誠先生進一步深入討論這五大值得學習的特色：

一、成功的族群融合政策

為避免種族問題，新加坡政府特別關注馬來人、印度人等少數族群的需求，法律禁止設立單一種族的學校，並透過國宅政策促使不同族群共同居住。此外，伊斯蘭教飲食的特殊需求也得到政府的照顧，體現在特殊食品標記「Halal」的推廣，讓伊斯蘭教徒在新加坡能享受多元美食。

二、完善的政府育才政策

新加坡建立了全面的育才體系，透過提供豐富的獎學金給予高中生赴世界一流學府深造的機會。這樣的政策不僅培養了優秀的人才，也在政府部門推動跨領域的均衡發展。

三、近乎瘋狂的綠化政策

新加坡以其令人驚艷的綠化程度而聞名，政府保留了大片綠地作為國有資源，這在城市發展中顯得相當獨特。此舉不僅美化城市，還有助於提高生活品質。

四、聞名國際的政府效能

新加坡政府擁有高效能的結構，少部門的設置使政府運作更為高效，並且在涉外事務中有出色的橫向聯繫。政府效能的表現成為新加坡引以為傲的特點。

五、以法為基的高薪養廉

高效能的政府讓人民願意守法，法治觀念在社會中深入人心。新加坡藉由高薪養廉的手段，吸引優秀人才服務於政府，使得廉潔政策成為該國的一大亮點。

總體而言，這五大特色不僅在新加坡的國家發展中發揮了關鍵作用，再加上新加坡在推動國際教育及落實國家雙語教育的實踐上，可提供臺灣有益的借鏡及參考，更可以成爲臺灣在未來國家整體發展上的重要參考依據。期待臺灣透過與新加坡的緊密合作關係，充分學習其經驗，提升國家自身的國際競爭實力。

參考文獻

1. 王兵、李旭中，2012，〈新加坡雙語雙文化菁英教育探析〉，《教育探索》，8。

2. 王威，2003，〈新加坡高等教育國際化的特色及其啓示〉，《黑龍江教育學院學報》，(3)，頁45-46。

3. 王春英，2016，〈新加坡的教育國際化發展〉，《教育觀點／科教導期刊》（電子版），4，頁25。

4. 吳英成，2010，〈新加坡雙語教育政策的沿革與新機遇〉，《臺灣語文研究》，5(2)。

5. 〈我駐新代表史亞平表示：臺灣應學習新加坡〉。2010年3月28日，取自網址：https://blog.udn.com/copypro888/3893569。

6. 李育誠，〈值得臺灣學習的新加坡〉。2012年9月7日，取自網址：https://mymkc.com/article/content/21403。

7. 李岩、楊文君、張瑋瑋，2011，〈新加坡教育的國際視野及啓示〉，《中醫教育ECM》，30(6)，北京中醫藥大學期刊中心。

8. 邱玉蟾，2012，〈全球化時代國際教育中的意識形態〉，《高等教育知識庫》，7(2)，頁1-30。

9. 徐穎，2003，〈淺析新加坡高等教育的國際化發展策略〉，《浙江師範大學學報》（社科版），(3)，頁103。

10. 張曉珊，〈新加坡高等教育國際化發展之路〉，中國地質大學國

際教育學院。2018年1月9日，取自網址：https://gjhzc.cug.edu.cn/info/1088/3200.htm。

11. 陳之權，2013，〈新加坡獨立以來各階段華文課程與教學改革重點及其影響（1965-2010）〉，《中原華語文學報》，11，頁73-97。

12. 陳俊欽，2017，〈從全球大學排名看新加坡教育成就對臺灣教育的啓示〉，《臺灣教育評論月刊》，6(9)，頁255-260。

13. 傅鈺涵，2021，〈新加坡高等教育國際化的策略舉措及其借鏡意義〉，《教書育人》（下旬刊），2。

14. 黃岳輝，2004。〈外國中小學教育〉，《萬方資料：略論新加坡的雙語教育》，6。

15. 劉唯玉，2017，〈新加坡國立教育學院海外教學實習及其啓示〉，《臺灣教育評論月刊》，6(1)，頁96-98。

16. 冀琳琳，2007，〈新加坡跨國教育研究〉（未出版之碩士論文），上海師範大學。

17. 韓福光、朱萊達、蔡美芬、林惠、劉意慶、林悦忻、陳子敬等著，2013，《李光耀：新加坡賴以生存的硬道理》，大地出版社。

18. Address By President Halimah Yacob For Second Session Of The Thirteenth Parliament, 2018.

19. Chiew, S-K. (1980) Bilingualism and national identity: A Singapore case study. In E.A. Afendras and E.C.Y. Kuo (eds) Language and Society in Singapore (pp. 233-253). Singapore: Singapore University Press.

20. Chua, S.C. (1964) Report on the Census of Population 1957. Singapore: State of Singapore.

21. Department of Statistics Singapore/SingStat Table Builder Data Last Updated: 28 Feb 2024, https://doi.org/10.1108/09513540810895444.

22. DEPARTMENT OF STATISTICS SINGAPORE, https://www.singstat.gov.sg/ CENSUS OF POPULATION 2020 Statistical Release 1: Demographic

新加坡國際暨雙語教育

Characteristics, Education, Language and Religion Wayback Machine (archive.org).

23. De Souza, D. (1980) The politics of language: Language planning in Singapore. In E.A. Afendras and E.C.Y. Kuo (eds) Language and Society in Singapore (pp. 203-232). Singapore: Singapore University Press.

24. Dixon, L. Quentin. (2005). The Bilingual Education Policy in Singapore: Implications for Second Language Acquisition. In James Cohen, J., McAlister, K. T., Rolstad, K., and MacSwan, J (Eds.), ISB4: Proceedings of the 4th International Symposium on Bilingualism. pp. 625-635, Cascadilla Press, Somerville, MA.

25. Fagao Zhou (1986). Papers in Chinese Linguistics and Epigraphy. Chinese University Press. p. 56. ISBN 978-962-201-317-9. Retrieved 31 January 2017.

26. Goh, Keng Swee. 1979. "Report on the Ministry of Education 1978." pp. 113. Singapore: Education Study Team.

27. Jones, E., & Brown, S. (Eds.). (2007). Internatioalizing higher education. New York, NY: Routledge.

28. J.W. Berry, R. Kalin, D.M. Taylor Multiculturalism and ethnic attitudes in Canada Printing and Publishing Supplies and Services, Ottawa (1977).

29. J.W. Berry, R. Kalin Multicultural and ethnic attitudes in Canada: An overview of the 1991 national survey Canadian Journal of Behavioral Science, 27 (1995), pp. 301-320.

30. Khoo, C.K. (1983) Economic and Social Statistics: Singapore 1960-1982. Singapore: Singapore Department of Statistics.

31. King, Roger; Marginson, Simon; Naidoo, Rajani (2011). *Handbook on Globalization and Higher Education*. Cheltenham, UK: Edward Elgar Publishing. p. 324.

32. Kuo, E.C.Y. (1980) The sociolinguistic situation in Singapore: Unity in diversity. In E.A. Afendras and E.C.Y. Kuo (eds) Language and Society in Singapore (pp. 39-62). Singapore: Singapore University Press.

33. *Learning a Mother Tongue Language in school* released by Ministry of Education, SINGAPORE (MOE, 2023.2.13) https://www.moe.gov.sg/primary/curriculum/mother-tongue-languages/learning-in-school.

34. Lee, C.L. (2013). "Saving Chinese-language education in Singapore". Current Issues in Language Planning. 13 (4), pp. 285-304.

35. Lee, K.Y. (2000) From Third World to First: The Singapore Story 1965-2000. New York: Harper Collins.

36. L. Quentin Dixon, International Journal of Bilingual Education and Bilingualism Vol. 8, No. 1, 2005.

37. Ministry of Education, Singapore (2004b) "Bilingual Approach (BA) to the teaching of Chinese language at the primary level extended to seven other schools", Singapore Ministry of Education Press Release, 23 February.

38. Ministry of Education, Singapore (2004c) "Nurturing a core of students with advanced knowledge of Chinese language and culture", Singapore Ministry of Education Press Release, 3 September.

39. Mok, K. H. (2008). Singapore's global education hub ambitions: University governance change and transnational higher education. The International Journal of Educational Management, 22(6), pp. 527-546.

40. Moran Hansen, Holly (2002). "Defining international education". *New Directions for Higher Education*. 2002 (117): 5-12. doi:10.1002/he.41. ISSN 0271-0560.

41. Mullis, I.V.S., Martin, M.O., Gonzalez, E.J., Gregory, K.D., Garden, R.A., O'Connor, K.M., Chrostowski, S.J. and Smith, T.A. (1999) TIMSS 1999 international mathematics report: Findings from IEA's repeat of the Third In-

ternational Mathematics and Science Study at the eighth grade. International Study Center, Lynch School of Education, Boston College. On WWW at http://timss.bc.edu/timss1999i/publications.html. Accessed 1.10. 2001.

42. Oi, Mariko (5 October 2010). "Singapore's booming appetite to study Mandarin". BBC News. Retrieved 27 February 2011.

43. OOSGA，2023.10.25 , https://zh.oosga.com/demographics/sgp/.

44. Pandit, K. (2009). Leading internationalization. Annals of the Association of American Geographers, 99(4), pp. 645-656.

45. "Public Agencies". 6 January 2015. Archived from the original on 6 January 2015. Retrieved 21 September 2018.

46. Punteney, Katherine (2019). *The international education handbook: Principles and practices of the field* (1st ed.). Washington, DC: NAFSA: Association of International Educators. p. 1. ISBN 978-1-942719-26-7.

47. Puru Shotam, N. (1989) Language and linguistic policies. In K. Singh Sandhu and P. Wheatley (eds) Management of Success: The Moulding of Modern Singapore (pp. 503-522). Singapore: Institute of Southeast Asian Studies.

48. Quah, S.T. (1999), "Learning from Singapore's development", International Journal of Technical Cooperation, Vol. 4 No. 1, pp. 54-68.

49. Singapore Government (1999), Singapore 21: Together, We Make the Difference, Singapore 21Committee, Singapore.

50. Snow, C.E., Burns, M.S. and Griffin, P. (eds) (1998) Preventing Reading Difficulties in Young Children. Washington, DC: National Academy Press.

51. "Speech by Mr S. Iswaran, Senior Minister of State, Ministry of Trade and Industry and Ministry of Education". Ministry of Education. 19 April 2010. Archived from the original on 19 May 2011.

52. Tan, Deyao (2015). *Engineering Technology, Engineering Education and*

新加坡國際暨雙語教育

Engineering Management: Proceedings of the 2014 International Conference on Engineering Technology, Engineering Education and Engineering Management (ETEEEM 2014), Hong Kong, 15-16 November 2014. Boca Raton, FL: CRC Press. p. 205. ISBN 9781138027800.

53. Tan Hwee Hwee (22 July 2002). "A war of words is brewing over Singlish". Time. New York. Archived from the original on 29 April 2007. Retrieved 18 February 2011.

54. Wiseman, Alexander (2018). *Annual Review of Comparative and International Education 2017*. Bingley, WA: Emerald Group Publishing. pp. 211-212. ISBN 9781787437661.

Chapter *2*

新加坡經濟發展與人力資源布局

張李曉娟*

* 日本廣島大學法律學博士，現任勞動部勞動力發展署／衛生福利部社會及家庭署委託計畫兼任教師。

▋前言

　　新加坡位於灣區的濱海灣金沙飯店，有著舉世聞名的空中無邊際泳池，俯瞰壯闊都市盛景，而體貼、周到之尊榮服務，讓國際人士都能領略到獅城的都市魅力。特別是 2018 年電影《瘋狂亞洲富豪》（*Crazy Rich Asians*）選在該地拍攝，影評人描述為：「炫富與自嘲的雙重變奏曲」，令人印象深刻（BBC, 2018）。2023 年經濟學人智庫（EIU）《全球生活成本調查》指出，新加坡再度成為全球生活成本最高的城市，與蘇黎世並列榜首，充分揭示新加坡的富裕形象（聯合新聞網，2023）。

　　然而，新加坡金融管理局（MAS）2023 年「整體經濟評估報告」指出，國內經濟在連續停滯三季後，第三季成長速度加快。其中，製造業等出口產業逐漸復甦，但內需產業成長趨緩。預估 2023 年全年經濟成長率介於 0.5% 至 1.5%，低於 2022 年的 3.6%（駐新加坡臺北辦事處，2023）。這個傲視全球的亞洲富國新加坡如何崛起、COVID-19 疫情後的動向都值得進一步探討。本文擬針對新加坡經濟概況、人力資源布局，加以介紹。以下簡單分為三節：第一節新加坡經濟概況，第二節新加坡人力資源布局，第三節新加坡未來經濟展望。

▋第一節　新加坡經濟概況

壹、新加坡經濟概況

　　新加坡地處麻六甲海峽的東南端，東北鄰馬來西亞、東南臨印尼，控制太平洋與印度洋的通道；世界上最大港口和重要的國際金融中心。城市基礎設施排名世界第一。新加坡憲法規定總統民選產生，同時實行責任內閣制，人民行動黨（PAP）為最大黨；國土面積僅有 722.5 平方公里，相當於 2.5 個臺北市、略大於東京 23 區。人口約 591.76 萬

7,000 人，首都新加坡市，官方語言以英語、馬來語、華語、坦米爾語並行；人民多信奉佛教、回教、道教、印度教；種族相當多元，華人約占 74.1%、馬來人占 13.6%，印度人占 9.0%，其他人種 3.3%。

新加坡過去曾受英國殖民，為海峽殖民地（Strait Settlement）的一部分，也是英國於東南亞最主要的海軍基地；二次大戰期間則又淪為日本殖民地。戰後雖回歸英國管轄，1959 年隨即脫離海峽殖民地獨立為自治邦。獨立後的新加坡，1963 年加入馬來西亞聯邦，為新加坡州（又稱星州）；但是，1965 年 8 月因馬來人優先政策等問題，遭馬來西亞逐出聯邦（湧上敦夫，1991）。於是，新加坡被迫再次獨立。當時的李光耀州長堅定地向全世界宣告，新加坡未來將不分語言、文化、宗教而團結一致，成為一個多民族國家，更強調「新加坡會生存下去」（Singapore will survive）。

在這歷史時刻，新加坡展開波瀾萬丈的創國大業，由李光耀擔任新加坡共和國首任總理。此後，新加坡在李光耀、吳慶瑞及荷蘭經濟學家阿爾伯特魏森梅斯（Albert Winsemius）的國家主導經濟政策下，刺激經濟成長。即便吳作棟、李顯龍（李光耀之子）歷任首相、加上未來可望接班的黃循財副總理，仍有人形容新加坡為「李氏一族」領導下，由多元民族和平共生形成單一國家的「馬賽克社會」（Mosaic Society）（小川春樹等，2023）。

近年新加坡 GDP 成長率，從 2012 年都維持在 3.2% 以上，只有 2020 年受到疫情衝擊下探至 -4.1%，2021 年回穩至 7.6%，在這樣的政經環境下，國民平均所得持續增加，請參考表 1（ASEAN, 2022）。根據世界銀行（WB）設定的標準，中低收入國家人均所得（GNI）GDP 在 1,036-4,045 美元間，中高收入國家 4,046-12,535 美元，而高收入國家在 12,536 美元以上。2022 年新加坡人均所得為 67,200 美元，遙遙領先成為全球高收入國家之一，2008 年人均所得就已超越日本，如今是日本的兩倍之多。

表1　2012-2021年新加坡經濟概況

年分	GDP（%）	國內生產總值（百萬美元）	人均GDP（美元）
2012	4.1	295,083	55,546
2013	5.1	307,578	56,967
2014	3.9	314,849	57,562
2015	2.2	309,083	55,841
2016	3.6	319,179	56,922
2017	4.7	343,417	61,190
2018	3.7	376,663	66,799
2019	1.1	376,632	66,034
2020	-4.1	345,220	60,716
2021	7.6	394,578	72,399

資料來源：ASEAN, 2022，本研究整理。

　　根據東南亞國協（ASEAN）的資料顯示，新加坡產業結構以服務業表現最佳，2021年服務業在GDP的占比維持在59.3%，其次是製造業24.9%，農業為0%，請參考表2（ASEAN, 2022）。新加坡產業多元，製造業以電子、石化為大宗，服務業則以金融、貿易為主。

表2　ASEAN新加坡2019-2021年三級產業GDP之占比（百分比）

年分 ＼ 產業	第一級	第二級	第三級
2019	0.0	24.1	60.8
2020	0.0	23.6	61.2
2021	0.0	24.9	59.3

註：主要經濟部門：1.第一級產業：包括農業、採礦業和採石業。2.第二級產業：製造業、建築業和公用事業（電力、燃氣和供水）。3.第三級產業：批發與零售業、運輸與倉儲業、住宿與餐飲服務業、資訊與通訊業、金融與保險業、商業服務業，和其他服務業。4.在一些東盟國家，第一、第二和第三級產業的GDP總和可能不等於100%，主要是由於與GDP相關的平衡項目與其他產業分開處理。GDP包括稅收、特定產品和服務的補貼。

資料來源：ASEAN, 2022。

貳、新加坡經濟特色——國家主導型經濟

1965 年新加坡獨立建國後，隨即面對幾個關鍵課題。例如：1. 殖民地歷史、語言、文化與基礎建設；2. 華人與華人文化爲主的多元種族商業社會文化；3. 作爲海運要衝的地理位置與經濟腹地；4. 有限的國內市場；5. 幾乎不存在的農業與有限的國內製造業（林建次，2012）。加上，來自中國、馬來西亞、印度的勞動力紛紛進入新加坡，導致人口成長；以 1967 年當時爲例，總人口 195 萬人中，華人 145.4 萬、馬來人 28.3 萬、印度人 15.9 萬、其他 5.8 萬人。人口增加率 1.8%，連帶而來的是高失業率、教育、住宅問題（湧上敦夫，1991）。

在這樣千頭萬緒的情況下，李光耀總理與首席經濟顧問阿爾伯特魏森梅斯、著名的經濟學家吳慶瑞密切合作，後來的吳作棟亦然。魏森梅斯建議擬定十年發展計畫，讓新加坡從轉口港變成製造及工業化的中心，創造工作機會並吸引外來投資，發展類似服飾加工等勞力密集的產業。同時，他也推薦大規模組屋計畫，藉此以提升國家形象、吸引外資；他擘劃新加坡的未來，朝向金融中心、航空及海運國際中心發展。

吳慶瑞也指出：「我們不能依靠轉口貿易而生存，新加坡要解決的問題，一是失業，二是擺脫過分依賴轉口貿易的殖民地形態的經濟結構，爲此我們要走上工業化道路。……我們要謀求生存，確保成功，不能拘泥不變」。於是，新加坡擬定第一個五年計畫（1961-1965）開發裕廊鎮工業區（Jurong Industrial Park），頒布優惠政策，鼓勵外國投資，解決資金籌措困難。第二個五年計畫（1966-1970）發展勞動密集型基礎工業，改變轉口貿易，面向國際市場，發展出口型工業；吸引外資，發展多邊貿易，建立自由市場（張青，2010）。爲鼓勵外國投資，政府頒布新興工業（裕廊鎮工業區）和經濟擴展獎勵法令，前者豁免工業所用的原料和設備進口稅，後者是按投資比例計算所得稅收，投資額愈高，免稅率愈高。

　　李光耀總理更是求新求變，他認為新加坡不能只停留在出口型工業階段，應以建立東南亞矽谷為目標，於是展開科技改革，建立軟體發展中心和電腦製造中心，新加坡制定第一個「經濟發展十年（1971-1980）計畫」，企圖轉型為勞動密集型產業高科技、高產值產業，以吸引機械製造、電子儀器等精密工業外資企業，並提供五年免稅期限；確實也吸引美國德州儀器、荷蘭菲利浦、美國惠普、日本 NEC 陸續進駐。1965年至 1979 年，新加坡人均收入穩定增加，平均 GDP 年成長率高達 10%以上；製造業占 GDP 比例持續擴大，金融服務業的占比也繼續增加。

　　其後，新加坡推動第二個「經濟發展十年（1981-1990）計畫」的「工業革命 2.0」，鎖定機械化、自動化、電腦化，成功確立製造業和高附加值產業發展的道路。接下來，針對產業結構的重整，依據人力資源、技術開發所需，規劃人力資源政策，以解決缺工問題；並持續轉型為知識型經濟的國家（俞炳強，2003）。

參、新加坡的生存哲學——新加坡故事論述

　　針對新加坡經濟崛起，有盛讚為經濟奇蹟者，有認為理所當然者；有別於過去威權主義等形容，新加坡李光耀公共政策學院前副院長陳思賢提出新的見解。他認為新加坡人民行動黨之所以能夠長期執政、一黨獨大，並非政府威權，而是能說服國人理解並接受政府以家長式治理的「新加坡故事」論述。

　　所謂「新加坡故事」論述，是新加坡建國的核心理念，政府靠著不斷喊話並請求國人了解本身的弱勢：國家小、沒資源、沒腹地、生存基礎脆弱，時刻面對各種威脅，需要強勢的菁英政府居中協調與善用資源，否則社會便會分裂與動盪。政府以實用主義哲學（Pragmatism）與用人唯賢精神（Meritocracy）兩大原則行事，力求國家生存。這種用人哲學強調兩點：第一，國家之生存不應受特定意識形態與道德價值觀所

羈絆；第二，國家必須廣納「人才」。陳思賢特別指出，新加坡擁有雙
重身分，既為全球城市（Global city），也是國族國家（Nation-state）
（陳思賢，2020）。

新加坡政府以故事論述方式要求國民配合施政，1955 年實施的
「中央公積金」（Central Provident Fund, CPF）制度就是一個很好的例
子。中央公積金是種員工強制性儲蓄計畫，再由雇主繳費作為補充；共
分為三個帳戶：一般帳戶（Ordinary account）、特別帳戶（Special ac-
count）及醫療帳戶（Medisave account），每位新加坡人都必須開設的專
屬個人帳戶，可對應的支出項目有購房、教育、退休年金、醫藥費用
等。中央公積金對國民儲蓄做出重大貢獻，從而減輕新加坡政府在社會
福利的預算負擔。新加坡雇主及員工每月依員工年齡，各別提付員工月
薪一定比例之公積金。詳細請參考表 3。

表 3　新加坡雇主與員工每月提撥公積金比例（百分比）

員工年齡	雇主（%）	員工（%）	總計（%）
55 歲以下	17	20	37
55-60 歲	13	13	26
60-65 歲	9	7.5	16.5
65 歲以上	7.5	5	12.5

資料來源：經濟部，2023，本研究整理。

第二節　新加坡人力資源布局

壹、新加坡人力資源概況

有學者認為，對缺乏天然資源的小國新加坡來說，「人」的問題是
攸關國家生死的問題（シムチュンキャット，2020）。根據新加坡總理

公署（Prime Minister's Office）國家人口及人才署公布的「2023 年人口簡報」，新加坡當前的總人口 591.76 萬人（較前年 +5%），依身分別再區分為定居居民（Residents）及非定居居民（Non-residents）兩大類型；定居居民包括新加坡公民（Singapore Citizens）及永久居民（Permanent Residents），公民 361.07 萬人（較前年 +1.6%）、永久居民 53.86 萬人（較前年 +3.7%），而在新加坡工作或學習的外國人及其家屬則歸屬非定居居民，約 176.84 萬人（較前年 +13.1%）。

簡報中說明，永久居民人數增加 3.7%，達到 54 萬人，究其因在於疫情緩和後旅行禁令放寬，旅居海外的新加坡公民和永久居民陸續返國，是觸動公民和永久居民人口成長的主要因素。而非居民人口大幅增加 13.1%，達到 176.84 萬人，當中以建築、海事和製造加工業的工作證持有者居多。這是因為該領域的承包商聘僱更多海外移工，以儘快完成過去因疫情影響延宕許久的工程。

值得注意的是，2021 年新加坡公民出生人數為 30,429 人，比 2020 年 31,713 人減少 4.0%；居民總生育率（TFR）達到 1.04，為新加坡有史以來最低點。再加上，高齡化現象嚴重，65 歲以上人口高達 19.1%。2023 年新加坡總人口結構，請參考表 4（NPTD, 2023）。

表 4　2023 年新加坡總人口結構（依定居身分別計算）　　　（單位：千人）

項目	2022 年 6 月	2023 年 6 月	增減率
總人口	5,637.0	5,917.6	5%
居民人口	4,073.2	4,149.3	--
市民	3,553.7	3,610.7	1.6%
永久居留	519.5	538.6	3.7%
非居民人口	1,563.8	1,768.4	13.1%

註：2022 年及 2023 年均以當年 6 月分資料呈現，非全年平均值。

資料來源：NPTD, 2023，本研究整理。

另外，有關勞動力的部分，新加坡人力部（MOM）發布有綜合勞動力調查（CLFS）早期調查。根據該調查，新加坡總人口數半世紀的變化，從 1970 年的 207.45 萬人，快速增長到 2023 年的 591.76 萬人；人口密度相當高。特別是居民中取得永久居留資格人數，也從 1970 年 13.88 萬人，2023 年晉升到 53.86 萬人。1970-2023 年間新加坡總人口變化，請參考表 5（DOS, 2023）。

表 5　1970-2023 年新加坡總人口變化（依定居身分別計算）　（單位：千人）

年分	總人口	居民人口	市民	永久居留
1970	2,074.5	2,013.6	1,874.8	138.8
1980	2,413.9	2,282.1	2,194.3	87.8
1990	3,047.1	2,735.9	2,623.7	112.1
2000	4,027.9	3,273.4	2,985.9	287.5
2010	5,076.7	3,771.7	3,230.7	541.0
2020	5,685.8	4,044.2	3,523.2	521.0
2022	5,637.0	4,073.2	3,553.7	519.5
2023	5,917.6	4,149.3	3,610.7	538.6

資料來源：DOS, 2023，本研究整理。

新加坡人力部（MOM）綜合勞動力調查（CLFS）早期調查也顯示，2023 年 6 月新加坡 15 歲以上可以工作的居民勞動人口約 243.62 萬人，勞動參與率 68.6%，就業率則估計為 66.2%。至於薪資方面，居民員工每月名目收入中位數從去（2022）年的 5,070 新幣（3,790 美元）提升至 5,197 新幣（3,885 美元），微增 2.5%。收入在第 20 百分位的員工，名目收入則從 2,779 新幣（2,078 美元）略升為 2,826 新幣（2,113 美元），微增 1.7%。

失業率則依職業別是否是專業人士、經理、執行員、技師（Professionals, Managers, Executives & Technicians, PMET）而分為二：PMET

失業率從去年的 2.6%，降至 2.4%；非 PMET 失業率則從去年的 4.4%，下降爲 3.6%。PMET 長期失業率從 0.5% 降至 0.4%；非 PMET 長期失業率則從 0.7% 降至 0.5%。就業不足率則從去年的 3%，下降至 2.3%，爲 10 多年來的最低水平。所謂就業不足，指在非自願的情況下，每週工時少於 35 小時的部分工時工作（DOS, 2023）。

貳、新加坡的教育制度

前述提及，學者認爲新加坡「人」的問題攸關國家生死，因此政府採取複線型教育制度，以維持人才的「品質」，同時提供國人結婚、生產、育兒福利措施並延攬海外人才，以確保人才的「數量」，作爲國力存續與經濟發展的基礎。尤其是從小學開始的教育制度，頑強的奪標式競爭心態（the Tournament Competition Mindset）深深烙印在新加坡人身上（シムチュンキャット，2020）。

早在李光耀總統任內，他就強調「用人唯賢」的原則，學校教育必須有效將菁英人才揀選出來，培訓後爲社會服務。新加坡的教育制度大致採取 6、4、2、3 制（小學 6 年、中學 4 年、高中 2 年、大學 3 年）。1979 年開始採取複線型的能力分流制度，2003 年實施小學 6 年的義務教育。

原本新加坡在小學 4 年級末舉辦分流考試，將學生分爲三個流向：EM1、EM2 和 EM3，但在 2002 年新加坡梁智強導演「小孩不笨」電影反思下逐漸廢除，現以學生的母語、數學、科學能力，選擇適性的分流課程。但小學 6 年級必須參加小學畢業測驗（Primary School Leaving Examination, PSLE），再依照成績升學、選讀不同的課程。

中學階段則根據小學、中學的成績，經過篩選和分流後修讀不同課程，包括快捷（Express）、一般學術（Normal Academic）、一般技術（Normal Technical）；快捷課程畢業前必須通過 GCE O-Level、一般課

程則是 GCE N-Level 測驗。這樣層層疊疊的教育篩選制度，有學者歸納其特徵有以下三點：1. 澈底的能力主義（從小學開始能力分流）；2. 雙語教育（重視英語能力）；3. 重視實踐研究（為培育有競爭力的產業，重視實踐研究）（俞炳強，2003）。

新加坡學校教育的實施成效相當聞名，無論是「國際數學與科學教育成就趨勢調查」（Trends in International Mathematics and Science Study, TIMSS）或「國際學生能力評量計畫」（Programme for International Student Assessment, PISA），新加坡都名列前茅。

參、新加坡延攬海外人才及移民政策

另一方面，新加坡延攬海外人才並推動移民政策。國際移民對於新加坡的興起和發展至關重要，而綜觀新加坡歷史，移民政策一直被作為有意增加居民與勞動力的工具，以促進經濟發展。回顧 1965 年獨立建國之初，財政部長林金山公開承認新加坡這個缺乏自然資源的小島且人口不斷成長的小國，轉口貿易發展速度不足以提供國人充分的就業機會。於是，政府制定《就業法》（The Regulation of Employment Act）要求入境新加坡工作的非公民勞工必須取得工作許可證，其意圖在於禁止來自馬來西亞低技能移民與新加坡公民競爭。1970-1990 年代新加坡轉型為出口型工業、勞動密集型產業高科技、高產值產業階段，即以提升居民工作技能為主、追求全民就業，只有部分領域允許移民或移工來填補技能、勞力缺口。

1982 年李光耀總理宣布期許 1991 年新加坡可以擁有一支完全由新加坡人建立的勞動力隊伍，歡迎具有卓越生產力的移工申請永久居留權或取得公民身分。換言之，隨著產業升級、機械化與工業化發展，未來 10 年將減少對移工的依賴，並逐步淘汰低工資、低技能領域的移工。同年，政府實施移工徵稅制度及移工比例上限（Dependency Ratio Ceiling, DRC）。

　　然而，1985 年新加坡遭遇急遽的經濟衰退，政府成立經濟委員會，由後來接任總理的李顯龍主導，該委員會針對當時缺工現象加以說明：產業無法順利聘僱新加坡人工作，急需移工來填補缺口。事實上，1970 年非居民移工人數約占就業總數 3.2%，1980 年成長到 11.09%，1990 年甚至達到 16.15%。所以，政府本想實現完全由新加坡人組織的勞動力隊伍，最終並沒有成功。

　　1990-2008 年間，新加坡持續朝向知識型經濟體發展，制定政策以延攬高技能移民。因應中國大陸 90 年代初開始放寬外國直接投資（FDI），熱錢大量湧入大陸；新加坡感受威脅，於 1996 年成立競爭力委會，旋即 1997 年亞洲金融危機爆發。1998 年競爭力委員會強調，新加坡需要一個新的競爭模式，未來應發展為開放的國際大都市，吸引全球人才；吳作棟也強調，新加坡要為世界市場生產產品，必須成為成功的知識經濟體，需要智力資本。在資訊時代，經濟競爭力和成功的關鍵因素在於人才，而非物資或金融資本。同年，成立新加坡人才招募委員會（STAR），並定位為「人才之都」。

　　1990 年非居民的移工人數約 24.82 萬人，2008 年快速增長至 100 萬人，約是總勞動力的三分之一（34.41%）；2017 年，有 6 萬 3,627 位移工取得永久居留身分，1 萬 7,334 位獲得新加坡公民權。

　　2009-2019 年間，隨著新的居民與來自海外的移工人數成長，新加坡人並沒有真正同質化；民眾對於外籍人士就業、房價壓力、擁擠的公共場所、運輸有所不滿，2011 年大選執政黨得票從 2006 年 66.6% 降到 60.14%，朝野震動。2013 年政府提出《人口白皮書》，預估 2030 年總人口將達 690 萬，其中包括 290-310 萬的非居民人口，引發民眾一陣撻伐。於是，政府採取相關措施以緊縮移工延攬及移民政策，例如調高移工稅額、拉高工作許可證資格等。即便如此，2009 年非居民移工人數 104.4 萬人、2016 年增加至 141.5 萬人；平均每年約有 2 萬人獲得公民資格、3 萬人取得永久居住權（Jessica Pan and Walter Theseira, 2023）。

新加坡經濟發展與人力資源布局

　　現行新加坡開放外國人入境的工作許可證類型有：專業人士、熟練及半熟練移工、實習生及學生、家人等四大類；前兩類為主要入境管道。專業人士工作許可證，請參考表6，熟練及半熟練移工工作許可證，請參考表7（MOM, 2023）。

表6　新加坡專業人士工作許可證

類型	適用資格
就業許可證 （Employment Pass）	適用於外國專業人士、經理和高階管理人員。申請人每月薪資至少5,000美元，並須通過互補性評估框架（COMPASS）。
創業許可證 （EntrePass）	適用於熱衷於在新加坡創業、經營風險投資或擁有創新技術的外國企業家。
個人就業許可證 （Personalized Employment Pass）	適用於高收入的現有就業許可證持有人或海外外國專業人士。PEP比EP提供更大的靈活性。
海外網路和專業知識許可證 （Overseas Networks Expertise Pass）	適合商業、藝術和文化、體育以及學術界和研究領域的頂尖人才。

資料來源：MOM, 2023，本研究整理。

表7　新加坡熟練及半熟練移工工作許可證類型

類型	適用資格
S許可證	適合技術移工。申請人每月薪資至少3,150美元。
移工工作許可證	適用於建築、製造業、海洋造船廠、加工或服務業的熟練及半熟練移工。
外來家庭傭工工作許可證	適用於在新加坡的移民家庭傭工（MIW）。
月子保母工作許可證	從僱主的孩子出生開始，滯留新加坡工作期間最長16週。
演藝人員工作許可證	適用於在酒吧、酒店和夜總會等公共娛樂場所工作的外國表演者。

資料來源：MOM, 2023，本研究整理。

第三節　新加坡未來經濟展望

壹、2023年新加坡「建設我們共同的未來」報告

2022 年 6 月新加坡第四代領導團隊啟動「新加坡攜手前進運動」（Forward Singapore），依照經濟與就業、教育與終身學習、醫療與社會支援、住屋與生活環境、環境與財政永續性、新加坡身分認同六大主軸，由相關主管部門部長帶領利害關係人進行對話與討論；舉辦 275 場對話活動與調查，20 多萬名新加坡人共同參與。這份在 2023 年 10 月 27 日由黃循財副總理發表〈建設我們共同的未來〉（Building Our Shared Future）的報告中，勾勒出該國未來社會的願景：

1. 充滿活力與包容性，在各種發展途徑中為所有人提供學習及進步的機會，每個人都因其身分及所做的事而受到重視與尊重。

2. 公平和繁榮，新加坡人在人生的每一個階段得到基本需求的保障，可以追求充實且有尊嚴的生活，對弱勢者提供更多的幫助。

3. 堅韌、團結，凝聚更強的共同認同感與集體意識，所有利害關係人都有責任為共同利益及新加坡未來世代，盡自己的一份力量。

報告中描述的七大轉變，細節和具體政策仍待公布，但施政基調已經確立，包括：教育、工作、家庭、高齡者、弱勢族群、投資新加坡共同的未來。主要的實施方向包括：1. 為中高齡員工提供培訓津貼，以便讓他們能夠請假受訓；2. 支援新加坡人考取政府補助的專業文憑；3. 針對非自願性失業的中低收入求職者，提供新的協助計畫；4. 增加有薪育嬰假；5. 為低收入家庭提供更多財務援助等（Forward SG, 2023）。

貳、新加坡經濟發展之問題點

前述提及，新加坡李光耀公共政策學院前副院長陳思賢認為新加坡是以家長式治理的「新加坡故事」論述，說服國民並尋求其合作，而

非威權主義。時至今日，他表達個人憂心，新加坡爲迎合新自由主義式（Neo-Liberalism）的全球化，作爲國家首要發展目標；但隨之而來是外來人口增加、生活成本上漲、在地居民生活壓力有增無減、貧富差距加大。過去不斷強調的國家發展論述說服力漸失，官民關係更形疏離，「新加坡模式」逐漸失去光環，民怨累積下，新加坡多元社會分裂風險日增（陳思賢，2020）。

黃循財副總理也認爲現在要制定每個人都同意的政策愈來愈難，必須做出權衡並取得平衡。他認爲，制定政策時他必須考慮什麼是有意義的，從長遠來看，什麼對新加坡是正確的，並解釋、說服，讓人民知道這是正確的做法。

其次，國際勞工組織（ILO）也相當注意新加坡居民對於國內移工的態度，2020 年進行一項「新加坡民眾對移民工人態度」調查。結果顯示，2019 年新加坡境內移工人數 142.75 萬人，占勞動力 38%，政府延攬移工，來填補家事工作、建築與基礎建設、船舶修理和建造等領域的缺工需求。同時，政府制訂有保護移工的法規與機制，例如創設家庭傭工雇主強制入職培訓及移工安家計畫（入境後職訓）。職業安全衛生方面也有進展，雇主必須替移工購買醫療保險。2004-2018 年間，工作場所死亡率下降 75%，2018 年在經合組織（OECD）排行第七。政府也設置 24 小時熱線電話，作爲移工求援或申訴的管道；正當申訴的情況下，移工得另尋雇主，雇主不得扣押其護照。

但實際上，新加坡的家庭傭工是被排除在主要勞動法之外，導致工時不受保護，加上新加坡沒有最低工資規定，女性移工一旦懷孕將被驅逐出境，甚至有的雇主會限制傭工的行動，讓他們被孤立，必要時無法尋求外援。最重要的是，即便新加坡對於家庭傭工這些較低技能的工作有需求，但許多新加坡民眾對移工抱有負面看法，而消極態度可能縱容對移工的歧視、剝削、甚至暴力行爲。因此，國際勞工組織（International Labour Organization, ILO）對新加坡的建議如下：

第一，透過政策與實踐，促進對移工的包容性與社區參與。這包括：1. 確保移工能充分享有符合國際勞工與人權標準的權利與自由。2. 創設一個移工與民眾得以溝通的平台，進行有意義的互動。3. 透過城市規劃，避免移工住宅分離，促進社會包容性。

第二，提高大眾對移工的認識與關懷。例如：1. 設計活動，提供大眾有關移工及其對新加坡貢獻等正向與積極面的訊息，以正視聽。2. 針對學校或新聞媒體等「影響者」團體推出措施，補充並強化公共宣導活動（ILO, 2020）。

參、新加坡未來經濟展望

有關新加坡未來經濟發展，新加坡貿工部常任祕書林明亮表示，2023 年新加坡外部需求稍有改善，中國大陸開始鬆綁防疫期間管制，經濟逐步恢復，對區域經濟體成長前景改善有所助益。他預期新加坡國際航空旅遊業、住宿及娛樂暨休閒等產業復甦速度將會加速。但全球經濟依然充滿不確定因素，包括已開發經濟體緊縮金融條件、俄烏戰爭可能惡化、主要大國政治局勢緊張等（經濟部，2023）。

新加坡居東南亞金融、貿易及運輸樞紐地位，勞動力素質相對較東南亞國家高，而國際大廠選擇將全球或區域總部設於新加坡，使新加坡擁有眾多國際級高階白領勞動力。低技術層次、高勞力密集企業較難在新加坡發展。因此，我國企業在新加坡主要投資貿易及金融保險服務業、電子製造、食品製造、化學材料製造等行業。以新加坡為區域總部，操作國際接單、融資、調撥零件、支援售後服務和蒐集國際市場最新情報等。

我國企業在新加坡大型投資主要集中在金融、半導體製造及資通訊、運輸、石化等四大產業。以海空運輸為例，中華航空、長榮航空、星宇航空、陽明海運、長榮海運、裕民航運與萬海航運等在新加坡設有投資據點與航點（經濟部，2023）。

綜上所述，1965 年新加坡被逐出馬來西亞聯邦，李光耀總統為克服小國無資源的弱勢，採取國家主導型發展經濟，以強力「新加坡故事」論述手法獲得民眾配合；尤其是面對總體經濟環境的變化，能夠靈活應變採行適當措施，達成產業轉型並開拓新局，實踐當初他在鏡頭前潸然淚下時的豪諾：「新加坡會生存下去」。新加坡不僅生存下來，而且還晉身為富裕大國，成為年均收入最高的國家之一。

在這個開創的過程，就人力資源的布局上，新加坡透過複線型的教育制度篩選菁英，同時延攬海外人才並推動移民政策，以確保人才的「質量」，作為國力存續與經濟發展的基礎。然而，誠如李光耀公共政策學院前副院長陳思賢所言，新加坡正面臨另一個挑戰，當外來人口增加，居民生活壓力大增的情況下，過去強力放送的國家發展論述說服力漸失，官民關係更形疏離，新加坡可能將面臨社會分裂的風險。未來，如何妥善回應國際勞工組織對新加坡的建議，融合並強化新加坡人彼此的認同，真正成為不分語言、文化、宗教而團結一致的一個多民族國家，勢必有一段長路要走。我們拭目以待，在以黃循財副總理為首的新加坡第四代領導團隊未來創新的舉措及具體的實踐。

參考文獻

1. シムチュンキャット，2020，〈シンガポールにおける複線型教育がもたららす少子化への影響〉，《家族社会学研究》，32(2)。

2. 小川春樹等，2023，〈現代史シリーズ ーシンガポールー〉，《広島商船高等専門学校紀要》，45。

3. 林建次，2012，〈新加坡的經濟發展策略──外資、外勞、外客〉，《臺灣國際研究季刊》，8(4)，冬季號。

4. 俞炳強，2003，〈シンガポールの経済発展と人的資源開発に関する一考察〉，《産業総合研究》，11。

5. 張青，2010，〈新加坡：小國繁榮之道〉，香港城市大學出版。

6. 陳思賢著、鄺健銘譯，2020，《新加坡模式：城邦國家建構簡史》，季風帶文化有限公司。

7. 湧上敦夫，1991，〈シンガポール経済の離陸〉，《沖縄国際大学商経論集》，19。

8. 經濟部投資促進司，2023，〈新加坡投資環境簡介〉。

9. 駐新加坡臺北辦事處，〈新加坡金融管理局預估星國經濟成長在2024年下半年可望改善〉。2023年10月31日，取自網址：https://www.roc-taiwan.org/sg/post/41578.html。

10. 聯合新聞網，〈生活成本全球最貴城市不是紐約　新加坡和蘇黎世並列榜首〉。2023年11月30日，取自網址：https://udn.com/news/story/6809/7608359。

11. ASEAN STATISTICAL YEARBOOK, 2022.

12. BBC，《瘋狂亞洲富豪》影評：炫富與自嘲的雙重變奏曲。2018年9月4日，取自網址：https://www.bbc.com/zhongwen/trad/45404787。

13. DOS, 2023, Population Trends 2023, Singapore Department of Statistics.

14. Forward SG, BUILDING OUR SHARED FUTURE, 2023.

15. ILO, 2020, Public attitudes towards migrant workers in Singapore, 2020.12.

16. Jessica Pan and Walter Theseira, 2023, Immigration in Singapore, Background paper to the World Development Report 2023: Migrants, Refugees, and Societies, 2023.

17. MOM, 2023, Work passes, Ministry of Manpower. 2023.12.14, https://www.mom.gov.sg/passes-and-permits.

18. NPTD, 2023, The Population in Brief(PIB)2023, National Population and Talent Division, Prime Minister.

Chapter *3*

新加坡人才競爭力與人才政策的借鏡

李昭華[*]

[*] 國立雲林科技大學管理博士、美國明尼蘇達大學新聞與大眾傳播碩士,現任國立雲林科技大學通識中心兼任副教授。

前言

　　全球人才管理（Global Talent Management）強調透過企業內部系統吸引全球各國人才，並且留住對組織策略發展的重要人才（Collings, 2014）。攬才、留才的政策與策略須透過政府與企業致力合作始有明顯效果，新加坡在此方面為首屈一指的先鋒。根據瑞士洛桑管理學院（IMD）2023 年世界人才排名報告，新加坡在人才準備度（Readiness）全球位居榜首，在其他人才競爭力各項指標向來居亞洲之首，而其多年政府提出的人才政策推動有具體成效。勞動市場是國家競爭力當中企業效能評比的重要指標，因此，本文第一節探討新加坡人才競爭力概況，透過分析人才競爭力指數了解新加坡勞動市場的趨勢。第二節從人口、經濟和社會三方結構性因素闡釋新加坡技術移民政策的必要性，歸納新加坡技術移民政策特點，並探討新加坡關鍵人才政策的內涵。第三節探討新加坡外傭制度，在新加坡工業化和經濟成長過程，外籍家庭傭工分擔新加坡婦女必須承擔的家庭工作和護理工作，釋放出新加坡婦女勞動力，加速整體經濟成長，本節深入了解外傭制度法律依據、管理方式與生活品質的影響因素。

第一節　新加坡人才競爭力概況

壹、人才競爭力指數

　　新加坡是近年人才競爭力亞洲排名表現最優，全世界排名名列前首。根據 2023 年 The Global Talent Competitiveness Index（GTCI）的指標中，新加坡為世界人才競爭力第二名的地位，僅次於瑞士，領先亞洲第二位的韓國 24 名（見表 1）。GTCI 指數透過衡量國家人才競爭力評比以「投入、產出」為架構模型，共設六大支柱、14 個子支柱、69 個

指標，六大支柱分別爲：增進環境（Enable）、人才吸引（Attract）、人才培育（Grow）、人才留用（Retain）、職業與技術性技能（Vocational and Technical Skills，屬中階技能）與高階知識與技能（Global Knowledge Skills），新加坡在 130 多個國家中排名第二名。新加坡在增進（排名第七）的這個指標主要在法規環境的改善，包括人力規範、市場以及企業經營環境等相關因素，是世界上表現最好的國家之一。「人才吸引」及「人才培育」分別排名第二與第三，這可歸功於新加坡長期對人力資源的投資，特別在提供具有世界等級的高等正規教育並提倡終身學習，在疫情前，這些對勞動力技能提升以及再培訓的投資就已在進行，而這些活動有助於勞動人員度過疫情動盪的時期。然而，該國的主要弱點多年來仍然是保留人才的能力（第三十六名）。若要改進這項弱點，新加坡必須從退休政策著手，特別需要擴大退休金覆蓋範圍和提供社會保護作爲永續性改善的措施。而歐洲工商管理學院傑出研究員 Bruno Lanvin 提出另一個觀點：相較於較大型經濟體，新加坡經濟規模極小，在相同領域尋找更具吸引力的工作機會有限，或許是難以留住人才的主因。另外，在產出面則包括中階與高階人才技能，在中階人才技能（VT Skills）部分著重的是其僱用可能性（Employability），另外在高階人才技能（GK Skills）部分著重的是受過高等教育的勞動力人才在經濟體內會產生各種的影響及衝擊。當中，高階勞動力以高價值出口、軟體開發等創新經濟指標最爲出色。透過人才競爭力指數分析可總結得知，新加坡在國內環境、人才吸引、人才培育、人才留住、技術與職業技能、全球知識與技能等方面保持全球領先。

表 1　2023 年全球人才競爭力指數（GTCI）：全球排名前十名國家

排名		六大範圍指標					
		增進 （Enable）	吸引 （Attract）	培育 （Grow）	留才 （Retain）	中階技能 （VT Skills）	高階技能 （GK Skills）
1	瑞士	1	3	5	1	2	10
2	新加坡	7	2	3	38	3	1
3	美國	4	22	1	15	1	5
4	丹麥	2	7	8	2	8	9
5	荷蘭	5	8	4	10	12	16
6	芬蘭	3	9	13	4	4	17
7	挪威	8	14	12	3	7	7
8	澳洲	15	6	6	14	19	3
9	瑞典	6	11	14	7	10	6
10	英國	12	13	2	11	29	2

資料來源：The Global Talent Competitiveness Index (GTCI), 2023，本研究整理。

　　瑞士洛桑管理學院發布「2023 年 IMD 世界人才排名報告」（IMD World Talent Ranking 2023），在 64 個受評比經濟體中，新加坡排名第八名，較去（2022）年上升 4 個名次。IMD 根據「投資與發展人才」、「吸引與留住人才」及「人才準備度」三大構面評估各國與地區在發展、吸引及留住人才方面的綜合能力。新加坡在「投資與發展」領域僅排第三十一名，較去年下降 4 位，新加坡政府的教育支出占 GDP 的 2.3%，在各國中排名第六十二位，這拉低了新加坡在「投資與發展」領域的排名。「對人才的吸引力」排第十四名，較去年下降 1 位，新加坡超高的生活成本削弱了「對人才的吸引力」，在 64 個國家和地區中排名第五十七；對海外高科技人才和管理人員薪資的吸引力分別排名第六和第四；生活品質排名第二十六；在「人才準備度」方面與去年相同排名第一。

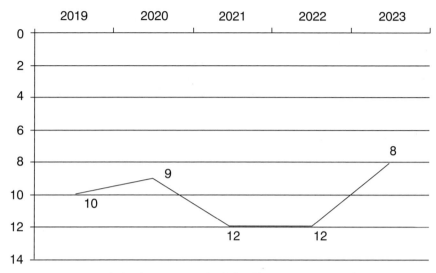

圖1 新加坡 IMD 世界人才排名趨勢（2019-2023）

資料來源：瑞士洛桑管理學院（IMD），2023，本研究整理。

貳、新加坡勞動力市場分析

　　勞動力是經濟組成重要一環，了解新加坡勞動力的結構和特徵，就業機會和失業率，可進而了解新加坡人才政策推動內涵。勞動力素質直接影響一個國家的經濟競爭力，深入了解新加坡勞動力發展趨勢以及相對應的策略制定可以作為我國人才延攬策略與發展之政策之參考。以下針對勞動力的參與率、年齡結構、性別區分、以本地與外籍人口來區分、外籍就業人數等指標做分析。

一、勞動參與率

　　新加坡近十年來的勞動參與率維持在 64% 以上，就業率相對穩定，2022 年上升至 67.5%，已超越新冠疫情前的水準。與其他國家相比，新加坡在 2013 年的就業率排名第五，而在近期的 2023 年 11 月就業率排名第四（見表2），這樣的結果可以歸功於政府的勞動政策主在

鼓勵婦女重返勞動市場提高婦女的就業能力和改善年老工作者的就業。

表 2　全球 2023 年就業率十大國家

2013 年前十名	2023 年前十名
冰島（75.1）	冰島（77.1）
挪威（68.6）	紐西蘭（69.0）
瑞典（65.7）	瑞典（69.0）
瑞士（64.3）	新加坡（66.2）
新加坡（64.1）	荷蘭（65.5）
紐西蘭（63.8）	澳洲（64.2）
加拿大（62.0）	芬蘭（64.1）
荷蘭（61.5）	匈牙利（64.1）
澳洲（61.3）	挪威（63.9）
南韓（59.8）	瑞士（63.8）

資料來源：新加坡人力部，2023，本研究整理。

二、以年齡區分

　　新加坡在所有年齡的 2023 年勞動力參與以 25 歲至 64 歲居民勞動參與率最高，其就業率維持在高水準，達到 82.6%。針對 15 歲至 24 歲的年輕人就業率在疫情這三年內逐步下降。2021 年 37.2% 最高峰，2022 年達到 34.5%，2023 年將達到 33.2%。主要因素反映在疫情過後實體課程等活動的恢復活動，年輕人可能會關注學術和課外學習活動而較少在就業。整體而言，年輕人的就業率相對低於 25 歲至 64 歲的居民，大多數 15-24 歲年輕人可能先選擇接受教育或培訓次而就業。65 歲以上老年人就業率，2023 年 30.6% 相較於 2019 年疫情前 27.6% 仍高出 3.0 個百分點。自新冠疫情流行以來，商業模式從實體管道轉向線上銷售管道，如此的變化可能導致更多老年者退休而去從事自我聘任的線

上銷售工作。

三、以性別區分

新加坡 2022 年女性勞動參與率為 63.4%，高於臺灣 51.6% 女性勞參率、南韓 53.3%、日本 54.2% 及美國 56.8%。若以十年前 2012 和 2022 年相比較，可看出新加坡特別推動婦女勞動參與政策（見表 3）。新加坡主要提供友善職場、提倡父親分擔家庭責任，以及協助中高齡婦女再就業。

表 3　國際勞動力參與率（按性別分比較）

年別 國家	2012		2022	
	男性	女性	男性	女性
中華民國	66.8	50.2	67.1	51.6
南韓	73.5	73.5	63.9	54.6
新加坡	76.0	57.7	77.0	63.4
日本	70.8	48.2	71.4	54.2
美國	70.2	57.7	68.0	56.8

資料來源：臺灣勞動部網站，2023，本研究整理。

四、以本地與外籍人口區分

近年來新加坡在就業市場上，由表 4 可見新加坡近年來就業市場的變化，就整體就業人數而言，在 2022 年 12 月總就業人數為 389 萬 3,600 人，其中製造業就業總人數為 48 萬 5,400 人，建築業為 49 萬 9,400 人，而服務業則高達 288 萬 4,300 人，可見隨著二十世紀的 80 年代後製造成本上升，新加坡透過策略推動成為跨國公司的地區總部來引領經濟企業，轉向服務業；因此，服務業的就業人口自 2013 年以來，不論本地

人口或外籍人口，就業數都呈現成長的趨勢，唯獨在 2020 年新冠疫情爆發下，整體就業呈現負成長。新加坡製造業自 2014 年開始，外籍人口就業數及本地人口就業數都呈現負成長。2015 年以後建築業則顯露負成長的疲態，直至在 2021 年之後疫情減緩有正成長的傾向。

表 4　近十年新加坡年度就業變化 —— 以行業和居民身分為區分（單位：千人）

	2013	2014	2015	2016	2017	2018	2019	2020	2021	2022	Dec 2022
整體											
總計	136.2	130.1	32.4	17.1	-3.6	45.3	69.5	-181.0	40.2	250.1	3,893.6
總計（無MDW）	131.3	122.1	23.3	8.9	-10.7	38.3	61.5	-166.6	41.4	227.8	3,625.1
本地人口	82.9	96.1	0.7	11.4	21.3	27.4	28.0	14.9	71.3	26.3	2,469.4
外籍人口	53.3	34.0	31.6	5.7	-24.9	17.9	41.5	-195.9	-31.1	223.8	1,424.2
外籍（無MDW）	48.4	26.0	22.6	-2.5	-32.0	10.9	33.4	-181.5	-30.0	201.6	1,155.7
製造業											
總計	4.5	-4.1	-20.5	-15.0	-11.1	4.1	-2.1	-37.0	-1.7	33.8	485.4
本地人口	1.2	0.5	-6.0	-6.1	-1.3	3.4	-2.0	-2.9	-	-1.0	243.2
外籍人口	3.4	-4.5	-14.4	-8.9	-9.8	0.7	-0.1	-34.1	-1.7	34.9	242.3
建築業											
總計	38.6	14.7	6.4	-11.8	-38.4	-7.1	12.4	-51.8	4.5	91.3	499.4
本地人口	6.6	5.1	-0.1	-1.6	-5.7	-1.7	-1.7	1.0	2.6	1.5	119.4
外籍人口	31.9	9.7	6.5	-10.2	-32.7	-5.4	14.1	-52.7	1.9	89.8	380.0
服務業											
總計	91.4	118.7	46.2	44.0	46.4	48.4	59.4	-92.1	37.3	124.4	2,884.3
總計（無MDW）	86.5	110.7	37.2	35.8	39.4	41.4	51.4	-77.6	38.5	102.1	2,615.8
本地人口	73.7	90.0	6.8	19.4	28.9	26.1	32.0	16.6	68.5	25.8	2,087.6
外籍人口	17.8	28.6	39.4	24.7	17.5	22.3	27.4	-108.7	-31.1	98.5	796.7
外籍（無MDW）	12.9	20.7	30.4	16.5	10.5	15.3	19.3	-94.3	-30.0	76.3	528.2

資料來源：新加坡政府（https://stats.mom.gov.sg/Pages/employment-Summary-Table.aspx），本研究整理。

五、以外籍就業人數區分

新加坡於 1990 年訂定《外國人力僱用法》，規範外籍人士入境工作之條件，由新加坡人力部推動落實，吸引有意至新加坡工作的外籍專業人士或技術人員。新加坡工作簽證的類別為：個人化就業准證（PEP）、就業准證（EP）、S 類准證（SP）與工作准證（WP）。前兩者是針對高階專業或管理人士，固定月收入門檻介於 4,500 新幣至 1 萬 8,000 新幣之間（約新臺幣 9.6-38.7 萬元）；後兩者則是針對中、初階的外籍工作者（經濟部產業發展署，2022）。表 5 為近五年來新加坡外籍就業人數概況，可看出在疫情 2020 年與 2021 年外籍就業總人數有明顯下降。當中專業人士工作准證（Professionals）相較於技術人士工作准證（Skilled and semi-skilled workers）中的 S 類准證，在疫情後，人數有增多的趨勢。由表 5 可知，在 2023 年 6 月時，新加坡已發出的就業准證為 19 萬 7,300 張，此人數相當於疫情前 2019 年 12 月的統計，而在疫情的三年內發證數量有明顯的下降，而就全體外籍勞動力的統計而言，整個新加坡在 2023 年 6 月時的總數為 148 萬 8,000 人。在後疫情時代，2021 年新加坡經濟發展局（EDB）配合科技、新創及高階專業人才的需求，推行科技准證（Tech. Pass）、海外網絡和專業准證（Overseas Networks & Expertise Pass, ONE Pass），分別說明如下。

（一）科技准證

可吸引全球頂尖科技專才、新創企業顧問，此項簽證的申請人須符合下列三項條件的其中兩項：（經濟部產業發展署，2022）

1. 過去一年的固定月收入至少 2 萬新幣（約新臺幣 44 萬元）；或年收入達 24 萬新幣（約新臺幣 530 萬元）。

2. 曾在市值 5 億美元以上或擁有至少 3,000 萬美元資金的科技企業擔任領導職位最少 5 年。

3. 曾領導科技產品的研發工作，該科技產品的活躍使用者人數至少 10

萬人，或收入至少 1 億美元。

（二）海外網絡和專業准證

號稱為頂級專才簽證，門檻為月薪 3 萬新幣（約 68 萬新臺幣）的高級人才，可獲得 5 年工作簽證，在取得長期居留證的速度也較其他簽證速度快。新加坡政府政策、精準目標、薪資條件等使得全球企業派遣的專業人才迅速增加，外國專家雖然停留時間短暫，但他們著重創新價值觀，帶來新加坡製造產業升級以及資訊通訊等科技的成長，積極強化科研與產業發展的基礎，在持續邁向解封之後，重塑該國在金融與創新研發的樞紐地位。

表 5　新加坡近五年外籍就業人數

外籍准證類型	2018	2019	2020	2021	2022	2023
就業准證（EP）	185,800	193,700	177,100	161,700	187,300	197,300
S 類准證	195,500	200,000	174,000	161,800	177,900	177,200
工作准證（全部）	972,600	999,000	848,200	849,700	1,033,500	1,084,600
工作准證（家庭幫傭）	253,800	261,800	247,400	246,300	268,500	276,600
工作准證（建築、海洋造船廠和加工）	355,700	370,100	311,100	318,500	415,000	437,900
其他工作准證	32,100	34,700	32,200	27,200	25,400	28,800
外籍勞動力總數	1,386,000	1,427,400	1,231,500	1,200,400	1,424,200	1,488,000
外籍勞動力總數（不包括家庭幫傭）	1,132,200	1,165,600	984,100	954,100	1,155,700	1,211,400
外籍勞動力總數（不包括家庭幫傭和建造業）	776,400	795,500	673,000	635,700	740,700	773,500

資料來源：新加坡政府（https://www.mom.gov.sg/documents-and-publications/foreign-workforce-numbers），2023，本研究整理。

第二節　新加坡技術移民以及人才引進政策

壹、新加坡技術移民的成因

　　新加坡技術移民的成因在於勞工短缺，而勞工短缺造成的原因可從人口、經濟和社會三方面的結構性因素來闡釋新加坡技術移民政策的必要性，依次為：1.人口結構轉變造成的技能短缺；2.技術和服務業擴張導致技能短缺；3.技能不匹配導致技能短缺（Kwon, 2019）。

一、人口結構造成技能短缺

　　新加坡人口老化問題嚴重。人力部預測老化速度從 2030 年 22.5% 急遽上升到 2050 年的 33.3%。面臨生育率下降、人口老化的嚴峻挑戰，在針對不從事經濟工作的老年人，政府需要提供支持性社會計畫，這種年齡結構會給政府帶來沉重的財政壓力，對勞動力帶來巨大的稅收負擔，進而減緩經濟成長。針對勞動人口老化速度提出相對應的政策，可從國內勞動力政策來調整，此以日本政府的重新分配農村勞力和中年婦女、提高退休年齡、推動節省勞力的技術最為典範，然透過國內勞動政策以求得勞動最大化利用有其自身的局限性，此種國內勞動力替代方案並不適合都市經濟發展大量需求（Bartram, 2000），因此，新加坡在這方面則引進海外人才的技術移民政策以較自由的移民政策，提供全球技術工作的就業機會。新加坡人口與人才署推估，若無移民人口則新加坡公民人口數會在 2025 年逐年下降，為了使公民人數維持在一定水準，新加坡每年核准通過永久居留註冊為新公民的人數約為 1 萬 5,000 人至 2 萬 5,000 人，以此解決公民人口數下降的問題。換言之，新加坡每年允許 1 萬 5,000 名至 2 萬 5,000 名外國人成為新加坡公民。

二、技術和服務業擴張導致技能短缺

新加坡於 1996 年進入已開發國家行列，至今仍維持經濟快速發展。新加坡是東南亞研發排名最高的國家。研發的投資促進技術創新，同時促進新興產業的產生，如果以專利權申請的種類和數量來看新加坡科技新興產業的趨勢，2004 年至 2022 年間，新加坡是東協國家提交的專利申請數量最多的國家，在此期間累計申請總量最高，為 15 萬 1,175 件；其次是印尼，為 11 萬 8,683 件；馬來西亞為 10 萬 1,167 件；泰國為 8 萬 7,880 件；越南為 7 萬 6,839 件；菲律賓為 4 萬 537 件（Matsuura, 2023）。

自 2020 年至 2022 年以來，新加坡研發（R&D）支出占國內生產毛額（GDP）的比例一直穩定在 1.92%。透過表 6 可知新加坡在 2018-2022 年間申請專利量數排行前三個產業是「無線通訊」、「支付安全」與「基因工程」等三大產業。其中，美國高通技術公司（Qualcomm）和中國的華為持有 5G 等無線通訊技術的標準必要專利（SEP）為顯著。另外支付安全為關於無現金支付專利，當中技術為有關區塊鏈技術（Blockchain）和加密法（Cryptography）的電子支付交易，顯示新加坡的無現金支付相當普及。這些新興產業的快速擴張，需要愈來愈多的高、中技能的技術人員與技術人員。

表 6　新加坡專利申請量（2018-2022 年申請最多前十名）

排行	申請者	提出數量	主要科技
1	Qualcomm (US)	893	無線通訊
2	Advanced New Technologies (UK)	606	資料處理（支付、安全）
3	A*STAR (Singapore)	466	材料分析、基因工程
4	National University of Singapore (Singapore)	442	基因工程、藥物製劑

排行	申請者	提出數量	主要科技
5	Samsung Electronics (South Korea)	410	半導體、儲存設備
6	Disco (Japan)	409	半導體設備、精密工具
7	Huawei Technologies (China)	287	視訊編碼、無線通訊
8	Applied Materials (US)	286	半導體製造、濺鍍設備
9	Alibaba Group (China)	278	資料處理（支付、安全）
10	Visa International Service (US)	263	資料處理（支付、安全）

資料來源：Matsuura, 2023，本研究整理。

三、技能不匹配導致技能短缺

　　社會層面所造成的勞工短缺指的是從教育機構培訓的人才與產業所需要的人才無法高比例吻合，新加坡教育機構推出許多與產業相關的課程，但大學畢業生選擇的工作與高等教育訓練不符。新加坡製造業的持續升級導致勞動市場對高端或極低端人才需求增加，然大學生大多數具有中級技能卻無法滿足這些要求。鑑於這種不匹配，許多工廠如果拒絕外國勞動力的資源，意味著低產能甚至最終搬遷或關閉。因此，政府在產業需求人才和教育供給人才兩端致力於平衡。在產業層面，政府補助並鼓勵中小企業（特別是在製造和建築領域）實現自動化和機械化的技術升級，產業的改革最終意圖供給價值鏈能夠逐步往上游推動，進行試驗、創新，並進而技術升級，從而支持國內就業，而不是相對依賴廉價的外國勞動力（Waring et al., 2019）；在人才培育的供給層面，政府提升技能和勞動力升級，在公立大學為當地學生擴增名額，同時增加補助並強調終身學習等就業方案，以能夠跟產業接軌。雖有這些政策性的努力，對於追求低成本商業模式的中小企業，相對依賴廉價的外國勞力，

政府促進從教育導向就業並解決工作準備和就業能力有關的成效仍舊值
得觀察。

貳、新加坡技術移民政策特點

　　新加坡的移民與外勞政策與經濟發展轉型息息相關，新加坡從製造
業轉型到服務和金融業，後又朝向科技領域發展，外籍勞動力則是作為
經濟發展的有效用的人力資源，調整人力資源管理來滿足市場的實際需
求，從而提高勞動生產力。在其工業化的每個階段，移民政策透過彈性
增加、保留或減少等手段來控制外籍勞工數量，使其能夠及時、有效率
的利用外籍勞動力。最新的外籍勞動統計資料來自新加坡「國家人口及
人才署」發布的《2023 年人口簡報》，在後疫情時代，有更多公民和
永久居民返回新加坡，新加坡的總人口達到約 592 萬人，當中外籍勞動
力占 121 萬（不包括家庭幫傭）。非居民人口（Non-residents，即非公
民及永久居民）占總人口的 20%，若再加上外籍幫傭 27 萬，則比例超
過 25% 以上。相對其他東協國家新加坡外籍勞工的比例偏高。表 7 顯
示新加坡移民政策的特色與模式，討論如下。

表 7　新加坡技術移民政策模式

移民政策面項	新加坡技術移民政策模式
移民政策優先考量點	實用主義，外國技能作為國家資源。
外籍勞動市場特點	各產業提供正式職缺，以資格認證為主，著重能力技術。
政府機構的角色	創造市場的需求，外籍居民與當地居民整合的議題。

資料來源：Kwon, 2019，本研究整理。

一、實用主義

　　新加坡技術移民模式可從表 7 看出，移民政策背後的主要價值觀從
國家的經濟生存和經濟發展為出發點，是極高度的務實主義，其最終目

標是吸引外資進入島國投資。此外，政府在創造和促進外國人進入新加坡的勞動市場方面扮演主導角色，新加坡提供了技術移民可成為永久居民的途徑，永久居民享有大部分公民擁有的權利，只差在沒有投票權。針對外籍勞動力所開出的職缺，除了公部門以外，適用行業非常廣泛，歡迎在各個領域納入外籍勞動力，包括會計、生物醫學、化學和天然氣、消費品企業、電子、工程、金融服務、醫療保健和社會服務、通訊和媒體、專業服務以及研究和學術等。

二、以資格認證為主，著重能力技術

在職業技術的認可和參照系統透過新加坡勞動力技能資歷系統（Singapore Workforce Skills Qualifications System）及勞動力技能資歷（Workforce Skills Qualification, WSQ）將早期的國家技能認可系統（National Skills Recognition System, NSRS）整合納入。WSQ 提供產業需求的各種不同的證照和訓練課程，從證書到文憑皆涵蓋，可滿足成年工作人員的多元訓練與專業學習需求，並提供廣泛的認證與資格認定。外國人可透過 WSQ 尋求技能認證與申請相關培訓計畫，如果申請者通過認證考核可獲得全國認可的國家技能證書。以資格認證為主的就業型態，這邊以資訊科技（IT）產業高階人才短缺為例子。根據新加坡資訊通信媒體發展局（Infocomm Media Development Authority, IMDA）在科技業求職未來三到五年內工作角色可分為 3 種類型，分別為：1. 面臨置換或聚合的高影響力角色；2. 需額外技能或工作重新設計（Redesign）的中等影響力角色；及 3. 受最小變化的低影響力角色等。以 IT 技能很快就會過時，而多年經驗很容易轉化為過時技能情態來說，新加坡未來 IT 產業的就業轉型藍圖（Jobs Transformation Roadmap），強調「物聯網」（IoT）、「5G」、「雲端計算」和「人工智慧」。如此在轉向雲端和人工智慧的應用程式開發，及軟體工程、自動化和 DevOps 等趨勢下，

數位行業人員的技術需求需要再提升，重新培訓相關技能（大學網，2022）。雇主尋求招募熟練且靈活的勞動力，IT 專業人士國內人才培育速度無法趕上產業需求，因此必須引進外國員工。

三、外籍居民與當地居民整合的議題

新加坡引進海外人士的國際勞動市場引發出不聘任當地新加坡人的求職公平問題。在新加坡，就業歧視是由公平就業實踐三方聯盟（Tripartite Alliance for Fair Employment Practices, TAFEP）管轄。涉嫌歧視的投訴常見關於本地 IT 員工就業的不平等。新加坡政府回應新加坡人對自己就業公平機會的擔憂，採取一系列政策確保本國人就業，於 2013 年宣布公平考量框架（Fair Consideration Framework），要求企業聘僱持就業准證的外籍員工前，要先將機會開放給新加坡人。近年，更新後的公平考量框架，規定那些沒有給予包括新加坡人在內的所有求職者公平考慮的雇主，將被禁止雇用外籍員工至少一年。同時，被禁止的雇主這段時間內也不能為現有外籍員工更新就業准證（新加坡眼，2020）。新加坡國際商會（Singapore International Chamber of Commerce）曾批評政府限制性的措施可能損害產業競爭力（Kwon, 2019），新加坡本地人與外國勞動力的平衡是政府一項永無止境的工作。

參、新加坡關鍵人才政策

新加坡在移民政策的演變，從最初技術移民議題，到給予外來人才永久居住等法律立法保障並實踐過程，政府扮演極重要角色。新加坡政府所主導的人才政策，乃政府介入居中協調，以協商取代抗爭，此模式維持了新加坡和諧的勞資關係。政府高度協調新加坡全國職工總會（National Trades Union Congress, NTUC）及全國工資理事會（National Wage Council, NWC）；NTUC 作為最高的工會組織，在政府高度介

入工會的人事安排，造成政府與工會的一體化，工會弱勢使得勞工運動沉寂，新加坡各個階級或是階級聯合都不大可能成為反對勢力的基礎，如此政府在勞資政國家三方組織（tripartism）掌握優勢（黃子庭，2007）。另外 NWC 乃由人力部和貿易與工業部在內的多個政府機構代表、資方代表和勞方代表共同組成。主要職責包括配合長期經濟發展調整工資結構、提出促進生產力和效率之誘因，並在薪資問題上促成勞資政三方溝通、達成協議。表 8 呈現新加坡人才政策的政府機構牽涉有人力部（Ministry of Manpower, MOM）、新加坡經濟發展局（EDB，簡稱經發局）、新加坡金融管理局（Monetary Authority of Singapore, MAS）與財政部（Ministry of Finance, MOF）。

在新加坡經濟發展過程中，政府不斷吸引跨國企業投資，而這一引進外資的主導工作由新加坡經濟發展局負責，以規劃商業戰略，鞏固新加坡作為全球商業、創新和人才中心為目標。針對經發局相關的人力政策設定，以 2019 年推出的「Tech@SG」項目為例。該項目是經發局與新加坡企業發展局（Enterprise Singapore, ESG）聯合推出，旨在協助新加坡科技生態系統吸引人才並促進成長，涵蓋的科技成長領域包括數位化、醫療科技、生物科技、清潔科技、農業科技和金融科技等。Tech@SG 專門為有潛力的公司提供商業網絡人才，並簡化這些科技專業人士的工作證（Employment Pass）申請流程。例如，新加坡鼓勵先進製造和科技創新，只要滿足經發局認可的條件，公司向人力部申請外國人工作簽證將更容易獲得批准。

從 2019 年的 Tech@SG 之後有延伸出科技准證 Tech.Pass，此乃新加坡經濟發展局推出於 2021 年 1 月開放申請，旨在讓經驗豐富的科技人才更輕鬆申請相關准證。當年先開設 500 個名額，准證期限為兩年，之後須符合條件才得以更新。在這一計畫下，申請者無須必然受僱於任何企業，只需滿足三項條件中的兩項即可在新加坡創業、工作於企業、進行投資或擔任董事職務等。

表 8　新加坡政府機構相關人才政策內容

政府單位	工作簽證類別		條件
人力部	專業人士	就業准證（Employment Pass, EP）	每月賺取至少 5,000 美元並通過互補性評估框架（COM-PASS）。
		創業准證（Entre Pass）	適合熱衷於新加坡創辦和經營投資或擁有創新技術的外國企業家。
		個人化就業准證（Personalized Employment Pass, PEP）	適合已有就業准證（EP）的高收入者或外籍專業人士。PEP 比就業准證（EP）提供更大彈性。
		海外網路和專才准證（Overseas Networks and Expertise Pass, ONE）	適合商業、藝術文化、體育以及學術和研究領域的頂尖人才。
	技術或半技術人員	技能工作准證（Skilled Pass, SP）	適合技術人員。每月至少賺取 3,150 美元。
		工作許可准證（Work Permit, WP）	適用於建築、製造、造船廠、加工或服務業的技術和半技術移民工人。
	受訓人員和學生	培訓就業准證（Training Employment Pass）	適合接受實務訓練的外國專業人士。每月收入須至少 3,000 美元。
		工作假期准證（Work Holiday Pass）	適合 18 歲至 25 歲想要在新加坡工作和度假 6 個月的學生和畢業生。
		工作假期准證（工作和假期簽證計畫下）（Work Holiday Pass）	適合 18 歲至 30 歲想要在新加坡工作和度假 12 個月的澳洲、紐西蘭學生和畢業生。
		培訓工作許可證（Training Work Permit）	適合半技術外國學員或學生須要在新加坡接受最多 6 個月實務訓練。

政府單位	工作簽證類別	條件
經濟發展局	科技准證 Tech@SG（2019） 科技准證 Tech.Pass（2021）	滿足三項中的兩項： 1. 過去一年的固定月薪至少新幣 2 萬元。 2. 曾在市值至少 5 億美元或擁有至少 3,000 萬美元融資的科技企業擔任領導職位至少累計 5 年。 3. 曾主導科技產品的研發工作的累計經驗至少 5 年，該科技產品的活躍用戶至少 10 萬或收入至少 1 億美元。
	全商業投資者計畫（Global Investor Programme, GIP）	門檻 1,000 萬、2,500 萬或 2 億新幣，通過可拿永久居民簽證。
金融管理局	家族辦公室方案 S130（在岸基金稅收優惠計畫） 家族辦公室方案 S13U（特級基金稅收優惠計畫）	S13O 於申請當時和整個稅收優惠計畫期間，其最低資產管理規模為 2,000 萬新幣；S13U 則是至少有 5,000 萬新幣的指定投資。

資料來源：新加坡人力部，經濟發展局與金融管理局，本研究整理。

　　經發局主導並與新加坡人力部（MOM）共同管理有全球投資者計畫（Global Investor Programme, GIP），此是為有意於在新加坡推動業務和增長投資、並符合資格的全球投資者提供新加坡永久居民身分（Permanent Resident, PR）的計畫。該政策專為資產企業家和投資者設立分成四種「申請人條件類別」以及 A、B、C 三種「投資方案」。

　　A 項標準是外國投資者須在新加坡至少投資 1,000 萬新幣設立商業實體或拓展現有的營運業務。B 項方案則是投資至少 2,500 萬新幣於經貿局認可的基金；C 項方案則是在新加坡成立家族辦公室最低資產規模

至少 2 億新幣。三種方案的標準以 C 方案的家族辦公室在近幾年華人家族中特別受歡迎。造成這一現象的主要原因乃國際情勢當中地緣政治風險的上升，以及新加坡在全球範圍內作為領先的私人銀行和財富管理中心的聲譽。家族辦公室（Family Office）提供富裕家族投資管理和財富傳承等服務，在歐美已盛行多年，管理資產團隊由各個領域專業人士組成。政府的立意在於家族辦公室不僅可以吸引全球經驗豐富的投資者，還能推動新加坡的資產管理行業並且促進金融業和就業增長。此外，新加坡金融管理局（MAS）不斷推出具有吸引力的稅收優惠政策，也成為家族辦公室選擇在新加坡建立的重要因素。家族辦公室除了享有投資所得的特定收入免稅待遇外，還可以透過資產控股實體（即家族辦公室）在特定投資（Designated Investment, DI）方面獲得的特定收益（Specified Income, SI）而獲得所得稅豁免的優惠。特定投資的特定收入可免除稅款，包括股票、股份、債券和貸款等金融資產所產生的利潤和收益。這些優惠的範圍相對較廣泛。

第三節　探討新加坡外傭制度

在新加坡工業化和經濟成長過程，外籍家庭傭工分擔新加坡婦女必須承擔的家庭工作和護理工作，釋放出新加坡婦女勞動力，加速整體經濟成長。自 1978 年新加坡首次向外籍家庭傭工（Migrant Domestic Worker, MDW）發放工作許可證以來，新加坡人力部的統計，外籍家庭傭工數量從 1988 年的 4 萬人增加到 2023 年的 27 萬人（圖 2）。同時，外籍家事勞工占了近 18.5% 新加坡的外籍勞動力，25% 初階工作准證（WP）（表 9）。大約二分之一的外籍家庭傭工來自印尼，三分之一來自菲律賓，其餘來自緬甸、孟加拉、香港、印度、澳門、馬來西亞、韓國、斯里蘭卡、臺灣和泰國（Tay Wei Yu, 2016）。

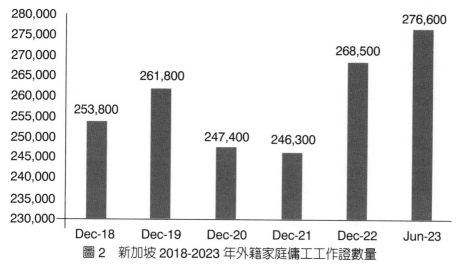

圖 2　新加坡 2018-2023 年外籍家庭傭工工作證數量

資料來源：新加坡人力部，2023，本研究整理。

表 9　MDW 工作准證與外籍勞工數量一覽表（2018-2023）

年分	2018	2019	2020	2021	2022	2023
MDW 工作證	253,800	261,800	247,400	246,300	268,500	276,600
WP 工作准證總數	972,600	999,000	848,200	849,700	1,033,500	1,084,600
外籍勞工總數	1,386,000	1,427,400	1,231,500	1,200,400	1,424,200	1,488,000

資料來源：新加坡人力部，2023，本研究整理。

壹、外傭制度法律依據

　　新加坡外籍家庭傭工的招募和就業受《外國人力就業法》（*the Employment of Foreign Manpower Act*）所管轄。根據法案，雇主需有足夠收入始可僱用外籍家庭傭工，因雇主需支付一次性 5,000 元新幣的保證金，當工人安全返回時，押金將退還，若聘僱勞工有違法行為，則無

法拿回保證金。此外，雇主必須每月向政府繳交 265 元新幣費用並且購買人身意外險以及外籍人士的醫療保險單。受雇的女傭年齡必須在 23 歲至 50 歲之間，並且至少完成 8 年的基本教育。雇主必須每月向外籍家庭傭工支付預先商定的固定工資，最遲發放日期必須在工作期間的最後一天之後的 7 天內支付；給予每週休息日；並提供安全的工作環境。安全工作環境在《外國人力就業法》被定義為具有「足夠的通風、安全、隱私、空間和保護」、「免受雨水和陽光等元素的影響」。外籍家事勞工必須每 6 個月接受一次體檢，並在抵達新加坡後 3 個工作天內參加入住計畫（Settling-in Program）。外籍家事勞工在新加坡逗留期間不得攜帶任何家庭成員前往新加坡、與新加坡人結婚或懷孕。政府設定雇主必須繳交 5,000 保證金，主要乃引導雇主進行監管外籍勞工，並強化雇主對勞工進行微觀管理（Micromanagement），如此雇主始能確保其保證金不會被沒收。

貳、外傭管理方式

在研究外籍家庭傭工的管理風格，本研究整理歸納出四種類型（Kantachot, 2023），見表 10，依次為：母性主義（Maternalism）、個人主義（Personalism）、遙遠階級制度（Distant Hierarchy）與業務關係（Business Relationship）。當中母性主義管理方式類似母親照顧小孩般，主動給予物質協助和建議，屬於單向溝通。個人主義屬於雙向溝通，員工雇主雙方認可彼此是獨特個體；相對的，員工會在互動中信任雇主。然雇主容易利用互動的關係而掩蓋低薪、福利少和無加班費。雇主中的母性主義為早期普遍的方式，而在當今科技資訊發達時代，員工偏好雇主以更個人化的方式與他們互動，員工渴望雙向關係。透過研究臺灣的外籍家事工人（Lan, 2006）發現臺灣雇主管理風格為遙遠階級制度和業務關係。遙遠階級制度是透過讓員工屈服的態度來履行任務，而

業務關係則是透過彼此尊重私人時間和空間情況，雇主希望員工能自動自發把事情做好。新加坡外籍家庭傭工管理方式並不完全單純屬於上述的一種，學者 M. Rajkumar et al.（2016）認為新加坡雇主嚴格觀察和控制外籍家庭傭工是顯著的特色，此種方式被定義成微觀管理。家庭傭工在雇主家中工作，可能經常感到自己時時刻刻受到雇主的監視，涵蓋日常生活常規、社交圈和行為活動。這種方式的形成可追溯到政府法律法規的結構性力量而造成雇主必須嚴格觀察和控制員工。

表 10　外傭管理風格類型

	母性主義	個人主義	遙遠階級制度	業務關係
管理方式	提供禮物、慈善行為、主動建議和協助。	雙方認可是獨特個體；互動的社會關係。	雇主使用居高臨下的言語表達和肢體語言。	業務關係中，雇主和工人相互尊重私人空間和休息時間。
管理成效	以工作承諾、忠誠度和加班時間來回報雇主。	透過滿足員工個別需求而員工有所回饋。	工人屈從性強，以恭敬態度來履行任務。	透過尊重員工的私人時間和空間。
管理疑點	損害了員工的尊嚴和價值；加劇了雇主和員工之間的階級不平等。	雇主利用個人關係來掩蓋低薪、少福利和沒有加班費。	單向溝通，員工通常等同隱形人。	單向溝通，儘可能地減少溝通和互動。
通用族群	早期最通用的。	拉丁裔群族。	臺灣。	普遍在家務勞動（例如，做飯、購物和打掃房間）。

資料來源：Kantachote, 2023，本研究整理。

參、外傭生活品質的影響因素

女性外籍家庭傭工可能會承受較高的壓力和社會孤立，這對他們的健康和生活品質會產生負面影響。學者 Anjara et al.（2017）實證新加坡 182 位女性外籍家庭傭工的研究，超過一半參與者表示感到壓力，近 20% 的參與者表示他們感到孤立或非常孤立。壓力與孤立有關，員工若同意工作管理風格，身體健康、心理健康和環境生活品質也將呈現正相關；同時也凸顯，若管理不適當，將造成心理壓力的情況。

一、外籍家庭傭工壓力來源

外籍家庭傭工壓力來源本研究歸納有三（e.g. Van Bortel et al., 2019），見表 11，分別為：工作和代理權、廣泛的財務需求與家庭責任。工作壓力的主要來源，首要來自於工作本身有限的代理權，女傭角色本身涵蓋「工作關係中的權力不平等」、「遵守僱傭合約和工作要求」和「就業方面的不安全感」等議題。參與者描述「他們經歷與上級之間的權力不平等」「有時我為雇主家庭服務的責任讓我感到壓力很大」。特別是，他們因雇主「心情不好」，其中包括「工作壓力和不合理的決定、高標準的期望」。次為對於財務廣泛的需求，受訪者表示，

表 11　外傭的壓力來源

工作和代理權	與上級之間的權力不平等。 遵守僱傭合約和工作要求。 就業方面的不安全感。
廣泛的財務需求	就業不穩定性。 長時間工作所得仍不敷使用。
家庭責任	女性作為照顧者。 女性作為生計來源者。

資料來源：Van Bortel et al., 2019，本研究整理。

即使工作時間很長，所得的報償仍無法支付家庭所需，同時女傭本身就業不穩定的狀況隱含收入的不穩定性。最後，尚有壓力來自於女性作為家庭媽媽的角色，卻無法即時和就近解決自己小孩在原生國家的問題而感到擔憂和焦慮。

二、解決之道

新加坡外傭對壓力常採取的應對策略有三個方式（e.g. Van Bortel et al., 2019）：自我時間、管理思想和宗教（表 12）。首先，為自己留出時間，從事的活動可以透過休息讓自己平靜或者運動、閱讀、聽音樂、購物、吃飯、放鬆、睡覺和獨處。再者；第二個策略透過管理自己的思想來應對，包括積極性、專注當下、避免思考太多。參與者表示要關注當下可控制自身壓力，亦即正面思考關注於當下可帶來好的結果，類似身為家庭傭工，享受家務勞動。另外，宗教是重要的因應資源。唱歌、祈禱、去教會和閱讀宗教文本幫助外傭應對壓力。宗教對於新加坡外籍女傭是思想力量和情緒的抒發管道。最後，社會支持涵蓋陪伴的舒適感與人交談的重要性；透過與人積極對話增加「正向思考」或提供「正向前景」的建議是有幫助的。

表 12　釋放外傭壓力的解決之道

自我時間	放鬆或保持冷靜／睡覺／獨處／從事喜歡的事情。
管理想法	積極性／著眼於現在／避免想過多。
宗教	唱歌／禱告／去教堂／閱讀宗教文本。
社會支持	從陪伴處得到慰藉／找人談話。

資料來源：Van Bortel et al., 2019，本研究整理。

三、總結

　　新加坡在雇用家庭傭工方面，外籍女傭與本地勞工的權益存在持續的不平衡現象，尤其是在法律所規定的社會保障方面一直處於不確定的狀態。作為東道國社會的新加坡傾向將家事工人視為臨時性勞工，雖然在工作場所提供一定程度的防止虐待的保障，卻未將他們視為長期工作者，並提供相應的社會權益保障（Yeoh et al., 2020; Van Bortel et al., 2019）。外籍家事女傭的非技術性的家庭工作通常被本地公民視為受新加坡正規長期教育後不應從事的工作，家事工作發生在家庭私有領域，使得家事工作普遍地處於低地位、低知名度和低報酬的情況。這些工作往往由外國婦女以私人合約的形式執行，因此，很明顯地，外籍家政工人仍須相對應的政策來保障和確保他們能夠充分應用資源的能力，同時防範任何形式的強迫性或剝削性的就業條件。此外，亦應制定監控和評估能夠保護外籍家政工人的政策，並與全球改善工作場所條件和維護工人權益的組織和機構接軌，以確保工作應有的基本權益。

參考文獻

1. 1111NEWS產經新聞網，〈數位高階人才短缺　科技業求職關鍵技能組合〉。2022年10月20日，取用網址：https://www.1111.com.tw/news/jobns/148201。

2. 黃子庭，2007，〈新加坡社會福利政策：國家統合主義下的國家與社會團體互動分析〉，《全球政治評論》，20，頁111-149。

3. 新浪網，〈新加坡人力部更新政策，雇主以後必須對新加坡人更公平！〉。2020年1月14日，取自網址：https://www.yan.sg/genzhieng-zhengchie/。

4. 經濟部產業發展，〈新加坡積極延攬海外多元人才，開創產業與科研

發展新契機〉。2022年9月14日,取自網址:https://www.italent.org.tw/ePaperD/7/ePaper20220900002。

5. 盧沛樺、陳一姍,〈「沒貢獻就不用來」 解密新加坡最精密選才策略:月薪11萬只是低標〉,《天下雜誌》,764。2022年12月27日,取自網址:https://www.cw.com.tw/article/5124220。

6. Anjara, S.G., Nellums, L.B., Bonetto, C. *et al.* Stress, health and quality of life of female migrant domestic workers in Singapore: a cross-sectional study. *BMC Women›s Health* 17, 98 (2017). https://doi.org/10.1186/s12905-017-0442-7.

7. Bartram, D. (2000). Japan and labor migration: theoretical and methodological implications of negative cases. International Migration Review 34(1), 5-32.

8. Collings, D. G. (2014). Integrating global mobility and global talent management: Exploring the challenges and strategic opportunities. Journal of World Business, 49(2), 253-261. https://doi. org/10.1016/j.jwb.2013.11.009.

9. Kantachote, Krittiya (2023) Micromanagement of foreign domestic workers in Singapore: The influence of state regulations and laws, Heliyon, Volume 9, Issue 7.

10. Karasz A. Cultural differences in conceptual models of depression. Social Science & Medicine 2005; 60(7): 1625-1635.

11. Lan, P.-C. (2006), Global Cinderella: Migrant Domestics and Newly Rich Employers in Taiwan, Duke University Press.

12. Lan, Pei-Chia (2006) Global Cinderellas: Migrant Domestics and Newly Rich Employers in Taiwan. Durham, NC: Duke University Press.

13. Linda Y. C. Lim. Fifty years of development in the Singapore economy: an introductory review [J]. The Singapore Economic Review, 2015, 60 (3).

14. M. Rajkumar, A. Venkataraman, M. Gayathri, Micromanagement: an em-

ployee's adversary, Eur. J. Bus. Manag. 2016, 8(18), 38-43.

15. Matsuura, Yui (2023), Innovation trends in ASEAN-leading companies and growth areas as deciphered from patent applications, Mitsui & Co. Global Strategic Studies Institute Monthly Report, Mitsui & Co. Global Strategic Studies Institute.

16. Tay Wei Yu (2016), Foreign domestic workers' living conditions survey, Transient Workers Count Too, https://twc2.org.sg/wp-content/uploads/2016/07/FDW-Report_Final.pdf.

17. Van Bortel T, Martin S, Anjara S, Nellums, LB (2019) Perceived stressors and coping mechanisms of female migrant domestic workers in Singapore. PLoS ONE 14(3): e0210717. https://doi.org/10.1371/journal.pone.0210717.

18. Waring, P., Vas, C., Bali, A.S. (2019). The Transition from Graduation to Work: Challenges and Strategies in Singapore. In: Dhakal, S., Prikshat, V., Nankervis, A., Burgess, J. (eds) The Transition from Graduation to Work. Work, Organization, and Employment. Springer, Singapore. https://doi.org/10.1007/978-981-13-0974-8_10.

19. Yeoh, B. S. A., Goh, C., & Wee, K. (2020). Social Protection for Migrant Domestic Workers in Singapore: International Conventions, the Law, and Civil Society Action. *American Behavioral Scientist*, 64(6), 841-858. https://doi.org/10.1177/0002764220910208.

Chapter 4

新加坡經濟發展與未來展望

許文志[*]

---

[*] 日本明治大學經濟學博士，為環球科技大學創辦人，現任中華民國全國商業總會首席經濟顧問。

前言

　　新加坡位居東南亞中央，連接太平洋和印度洋航空的要衝，擁有全球 600 座貿易港口，是亞洲中樞貿易港；更是通往亞洲太平洋地域各國航程時間最短、距離最近的轉運港，樟宜國際機場是通達全球發展經濟的樞紐中心。

　　新加坡是一個沒有天然資源的小島，但，匯集全世界人、物、金、資訊、技術流的大都市，引進全球外資投入優越的創業環境，全世界最優越的投資環境排名第四位的國家，經濟繁榮與全世界接軌的都市，為人民創造美好的生活。國土面積 720 平方公里，僅是臺灣面積 3 萬 6,000 平方公里的 50 分之 1；人口 592 萬人，僅是臺灣 2,350 萬人的 4 分之 1。

　　回顧新加坡自 1965 年獨立建國前的簡史，如表 1：

表 1　新加坡 1965 年獨立建國前簡史

年分	簡史
1954	李光耀創立人民行動黨（People's Action Party），並順利當選國會議員，領導反英國殖民運動。
1959	新加坡和英國簽署協議後，成立自治邦政府，李光耀擔任總理。
1963	新加坡人民經公投同意和馬來西亞正式成立聯邦國，李光耀續任新加坡總理。
1965	8 月 9 日由於馬來人和華人衝突及其他政策爭議，新加坡脫離馬來西亞獨立，李光耀仍任總理。
1968	4 月 13 日新加坡進行第一次大選，人民行動黨獲得 84% 國會議席，並贏得其後歷次大選，李光耀繼任總理。
1990	11 月 28 日李光耀卸任總理轉任內閣資政，共擔任新加坡總理 31 年。吳作棟接任總理。
2004	李光耀長子──副總理李顯龍接任總理。
2011	李光耀辭去內閣資政職務。

李光耀一生最大的成就，就是建立了「沒有人相信有可能」（No-body believed Possible）的國家。

李光耀任總理時代推動開發公共事業專區，建立公積金制度、肅貪汙、發展組屋（國民住宅）、推動雙語，並以英語為第一外語當主要溝通語文。讓新加坡在 30 年內，從第三世界水準發展成為亞洲最富裕的國家之一，外界常以「硬道理」（Hard Truth）形容李光耀直話直說的強硬領導風格。

李光耀 1959 年首任總理時，新加坡每年人均所得 400 美元，到 1990 年卸任總理時，高達 1 萬 1,850 美元。在 31 年中增近 30 倍，紀錄無人能及。現在 2023 年新加坡經濟成長（GDP）年人均所得達 7 萬 9,426.14 美元，為全亞洲之冠。

第一節　新加坡發展經濟的防疫（COVID-19）措施

2020 年世界新型疫情 COVID-19 擴散，波及住在新加坡的外國勞工，感染嚴重，新加坡政府為之採取強力限制人民行動措施，抑制感染擴大，造成實際經濟活動停滯，使得 GDP 倒退 4.14%。

2020 年 4 月 7 日開始，新加坡政府限制除必需維持人民生活所需經濟活動外，基本上全部封鎖經濟產業活動。終於 2023 年疫情趨緩、經濟景氣回復，新加坡政府才分三階段解除限制移動。

2020 年新加坡政府實施五次限制經濟活動，帶來國內經濟的影響，同時對於來自中國疫情擴散猛烈威脅，新加坡政府針對企業發展及員工雇用等實施以下五階段大力支援措施。茲將其分項概要詳列見表 2：

表2　2020年新加坡COVID-19防疫五階段經濟措施概要

階段	日期	金額（新元）	雇用支援計畫概要	其他主要項目
第一階段	2月18日	68億	支援2個月分薪水的8%，對象是每月薪水3,600新元上限。	支給全國21歲以上國民現金10萬300新元，對觀光、航空等部門融資計畫或減輕不動產稅。
第二階段	3月24日	484億	對全國企業員工每月薪水25-75%支援至2020年7月底，對象是每月薪水提高至4,600新元者。	退還2020年商業設施不動產稅，擴大中小企業融資。
第三階段	4月6日	51億	對職業場所關閉者補助75%薪水。	免除外國勞動者稅金。對經營政府企業的設施，免除一個月租金。
第四階段	5月26日	330億	延長補助企業員工每月25-75%薪水至9月。	支援中小企業租金，對中、低級勞動者雇主雇用外國勞動者，免稅延長兩個月。
第五階段	8月17日	80億	延長對企業員工每月25-75%薪水至2022年3月。	對金融和ICT等產業新興產業支援獎金。

資料來源：新加坡財務部，2021，作者整理。

　　新加坡政府五階段防疫回復經濟措施，財政支出達1,013億新加坡幣（GDP比27.3%）大規模。

　　累計疫情感染人數達6萬2,000人，死亡32人，為經濟發展，限制人民經濟活動。非但控制不了感染更影響了國會議員的選舉。2020年7月國會議員選舉結果，執政的人民行動黨（PAP）僅獲得61.2%選票，是自1965年建國以來第三低得票率。

因此背景，帶來國民對 PAP 的權威主義及領導風格強烈反感。新加坡自建國以來一向長期採取「開發獨裁」的政策，或許未來會有重大變化，尚待觀察。

新加坡強項產業的生物醫療和電子機器生產，受疫情打擊最重，而服務業和建築業尤其低迷不振。製造業至 2021 年上半年才漸回復輸出，帶動經濟回復的效果，特別是中國的工業製造回復生產，對新加坡包括亞洲地區輸出相對有利。

自 2020 年 4 月，外國勞動者住宿爆發疫情，每天對集體住宿的數千人外國勞工實施檢疫，以及對患者進行隔離措施。至 9 月 1 日急速增加，每天最少隔離 30 位以上感染患者，並封鎖其他人口密集場所，包括封鎖經濟活動的人民行動。飲食供需採取外送消費，消費者利用外送機會，不必上班，在家勤務將移動減少到最低，避免感染擴散。新加坡經濟結構，依靠國內的家庭消費比率很低，政府強力限制人民經濟活動，經濟壓力加大，面對世界經濟回復的速度，必須繼續開拓外需外銷市場，適應未來景氣回復的重大變化的狀況。尤其，管制外人進出國境，造成基礎建設如造船相關產業的勞動力不足更加惡化，為此，中央銀行放鬆融資政策，全力支持防疫回復建築業的景氣，政府發揮了財政總動員的力量。現今，隨著歐美、中、日等國家經濟逐漸回復到疫情前現況，預估 2023 年 GDP 會在 2.5-3.5% 之間。

第二節　新加坡的經濟現況

新加坡國土狹小，面積僅 720 平方公里，人口 592 萬人，人口密度世界排名第二，資源不豐富。但，經濟發展繁榮，2022 年 GDP 年人均所得高達 7 萬 9,426.14 美元，政情穩定、人民幸福。

茲探究其經濟發展與成長原因特徵於下：

一、新加坡地理位置是其經濟發展優越條件，促進經濟繁榮

從全球地理位置觀看，新加坡比進出越南、泰國、印尼等東協國家（ASEAN），是外國企業從海外進出最近的地理位置，跨越太平洋、印度洋、南中國海周邊國家經貿連結經濟繁榮的據點。新加坡利用這些優越地位條件，囊括印尼、泰國、越南等東協國家企業進出轉口港的據點優勢，諸如：日本三井物產、三菱重工業等亞洲大企業都在新加坡落腳設立經貿據點。今後 50 年利用數位技術優勢發展新經濟，疫後，新加坡政府推動數位經濟貿易，以數位經濟夥伴協定（DEPA）進行與各國經貿關係，將超越過去的自由貿易協定（FTA），邁入更新的經貿境界。

二、是亞洲地域金融中心，新加坡扮演核心價值的任務

金融中心是銀行和證券公司、保險公司等金融業務的核心，發揮都市金融市場重大功能。最近數年間，全球金融中心指數（GFCI）競爭力，新加坡名列前茅。金融指數是依據企業環境、人才資源、國際金融市場的成熟度、基礎建設、都市形象等五大項目做審查標準選拔產生。2020 年第一位是紐約；第二位倫敦；第三位上海；第四位東京；新加坡排名第五位，發揮其亞洲金融活力的功能。除了五項基本條件外，政治、經濟的安定，受人民遊行抗爭的影響極少，新加坡社會安全保障極高，資本市場流動暢通活潑。

總之，眾多外國金融企業都進駐新加坡設立據點進出，諸如：日本的綜合銀行——三井、住友、三菱等世界級的銀行都在新加坡設立據點進出，特別目標為東南亞貧困基層人民提供綜合金融企業的金融服務，深受亞洲各國的信賴，並不斷擴大增加金融服務功能和機會。

三、家族理財辦公室

新加坡健全的金融監管制度，尤因法治、政治、經濟的穩定，吸引

全球人潮、錢潮湧進新加坡設立「家族理財辦公室」。

至 2023 年全球已有 182 個富豪家族理財辦公室向新加坡政府「會計與企業管制局」註冊登記，主要目的和功能爲處理家族資產。尤其，最近數年來，香港的「反送中」抗爭未息，促使香港的人潮、錢潮紛紛湧進新加坡，創造了新加坡爲全球金融企業中心一大特色。除了因新加坡健全的金融監管制度，良好的法治、政治、經濟穩定等優勢外，新加坡政府的財務管理、法律及慈善等相關服務生態系也持續成長。世界許多富豪家族選擇到新加坡設立家族理財辦公室，是因其經濟文化的融合，以及新加坡融合中西方優質的教育制度，對各民族的包容和平等法治社會受到大多數的亞洲人肯定，共認教育是脫貧和改變人類命運的力量，包括中國人、印度人、新興國家的馬來西亞人、香港人、臺灣人都希望將資產放置在新加坡這個亞洲民主、法治，自由照耀的燈塔下，讓它發光、發亮。

四、新加坡的經濟結構

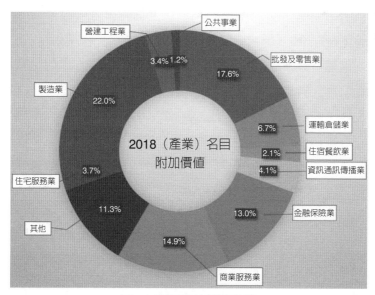

圖 1　新加坡的經濟結構

　　圖 1 顯示，新加坡 GDP 中製造業占 22%。其中，醫療、生物科技、電子、精密工業及航太等產業，近年來發展加速，現在成為全球一流產業。

　　新加坡因國內市場小，富裕階級占國民全體使用率不多，所以製造業產品幾乎全靠外銷；製造業從開始目標就不在內銷，是全部為外銷而製造。

　　另因新加坡政府積極引入外資，政府主導高科技領域，育成在地企業家、創業起家，以東南亞據點出發，深受全球重視。

　　有關高科技產業的醫療、製藥及生物科技產業，新加坡是世界最佳的研發據點，這也是新加坡政府提供豐厚資金補助研發者進行研究開發的原因。尤其針對 SARS、MARS 新型肺炎感染病等期間進行研究結果採取的對策。而來自海外居住新加坡的人愈來愈多，因人口密度高，萬一發生感染，立刻擴大，為此，政府提早支援學界研發。

　　2023 年其工業及服務業產值占 GDP 比的 28.60% 及 67.00%。財政赤字占 GDP 比重為 1.00%，預測 2023 年及 2024 年之財政赤字占 GDP 比重分別為 0.40% 及 0.30%。新加坡為全球轉口港，經常維持盈餘占 GDP 比率為 17.30%，通貨膨脹為 3.10%。

　　新加坡擁有政治穩定、經濟安定、勞資關係和諧、基礎設施及外人投資獎勵制度完善等優勢。惟其經濟高度依賴外部需求，且受全球經濟放緩的影響，政府積極調整經濟結構，以減少對外國勞動力依賴。在先進製造業、製藥及醫療技術生產方面，持續吸引大量外資，發揮全球金融服務和運輸中心的功能，並致力於與全球大多數國家保持良好關係，並採不對強國選邊站的中立外交政策。

　　新加坡是小型都市國家，但在全球化進程中投入極大資金，以金融和貿易為核心，成功達成經濟發展、繁榮。

　　新加坡的重要產業服務業和特定地域的生物、自然的生態系特強，因此，依循新加坡改革積極改變主題，朝向金融、製造、物流，消

費者多樣化食品科技，特別是航空貨物的運輸能力特強，是多元化成長大好機會，提供新加坡 2023 年疫後景氣回復機遇大於挑戰的信心。

新加坡為亞洲人均所得最高國家之一，政府將力量專注於提高新加坡人民生計和社會安全政策目標，預期政府將為中低收入建立社會安全網。另外，政府將透過提高工資和更多限制來安撫選民，進而在 2023-2027 年間緊縮招聘外國人需求。因國民低生育率（1%）和人口老化（19.1%），導致國內人才萎縮，將使中長期更難以合理的成本找到適合的員工，使企業提高運營成本。

新加坡積極引導外國企業技能提高量產，並將外資企業經營專利和技術，移轉給新加坡國內企業，繁榮經濟。

新加坡國土狹小，積極開發海埔新生地為工業用地，擴大國土活用為外資投資的基地，獲得外國企業的資本、技術投入，促進製造業的發達。2019 年共有 7,000 家外國企業投資新加坡，其中，日本約 1,600 家，非製造業的服務業比製造業更多，例如：日本住友化學、三井物產、日本商船、三菱商事、武田製藥工業、森永乳業等，其食品和化妝品都是世界一流產業。

從 2018 年新加坡政府公布的產業結構看，占最大比率 22% 都是製造業相關產業（建築業、天然瓦斯、電器、供水服務）。疫後的 2023 年，經過五年的轉型升級，新加坡的經濟結構逐漸朝向 AI、數位科技產業發展。為適應氣候變遷，新加坡成為全球人才研發中心，全球高科技人才加入新加坡發展的行列。因待遇優厚，制度完善，吸引全球科技人才投入。

以下，從新加坡貿易產業部（MTI）經貿現況具體數字分析其近年來經濟發展與成長，詳見表 3 至表 8。

表3　新加坡貿易及產品

輸出國	中國 14.7%、香港 12.6%、馬西亞 10.8%、美國 6.6%、印尼 5.8%、日本 4.7%、韓國 4.6%、泰國 4%
輸入國	中國 13.9%、馬來西亞 12%、美國 10.7%、日本 6.3%、韓國 5%
輸出產品	機械設備（含電子機器、通訊設備）、醫藥品、化學藥品、精裝石油產品、食品、飲料
輸入產品	機械設備、礦物燃料、化學藥品、食品、消費材料

資料來源：新加坡政府統計局，2022。

表4　新加坡主要貿易國交易金額

排名	國名	金額（單位：百萬新元）
1	中國	164.3
2	馬來西亞	128.7
3	美國	105.7

資料來源：新加坡政府統計局，2022。

表5　新加坡最近五年經濟成長（GDP）

年代	成長率	說明
2019	1.10%	
2020	-4.14%	受到疫情影響，為 1965 年建國以來最低
2021	7.6%	
2022	3.8%	
2023	1.2%	

資料來源：新加坡貿工部，2024。

新加坡經濟發展與未來展望

表6　新加坡 2021 年對外直接投資額與海外對新加坡直接投資額

（單位：新元百萬）

排名	新加坡從海外來的直接投資金額	新加坡對外直接投資金額
1	美國 549.8	中國 189.2
2	開曼群島 291.8	荷蘭 122.6
3	英國屬地巴金群島 184.4	香港 80.1
4	日本 160.5	英國 78.7
5	英國 129.1	開曼群島 72.4

資料來源：新加坡政府統計局，2022。

表7　新加坡國際收支

統計名稱	總值（十億美元）	世界排名
經常收支	71.93	191 國第 10 位
經常收支（對 GDP 比）	18.12	191 國第 2 位
貿易收支	51.13	191 國第 15 位

資料來源：新加坡政府統計局，2022。

表8　新加坡國際貿易

總計名稱	總值（十億美元）	世界排名
貿易輸出額	457.36	190 國排名第 15 位
貿易輸入額	406.23	190 國排名第 16 位

資料來源：新加坡政府統計局，2022。

　　據俄羅斯總統普丁在中國一帶一路第三屆論壇於 2023 年 10 月 18 日演說：「俄中於 2023 年貿易總額要達 2,000 億美元。」中俄兩國領土和人口相加超過新加坡數千萬倍，而兩國貿易金額只有新加坡五倍，可見證新加坡經濟發展是何等的超強，也是居住在這個國家人民生存的榮耀價值。

　　新加坡是世界典型的都市國家，位居全球金融和貿易中心。產業升級和資本與知識密集型產業國家。從今而後，其經濟產業將朝向活化高科技產業發展的政策。

　　依據新加坡貿易產業部（MTI）2023 年公布，烏俄戰爭、中美摩擦、中國疫情，多少影響新加坡經濟成長。但因其優惠稅制、政治、經濟、社會的安定，引進外資企業投資和設立貿易據點，發揮重大全球轉口港經濟功能，對中國、美國、馬來西亞等國家貿易順差金額，使每年人均所得持續增高，失業率五年來均不超過 2-3% 的低標，尤其，新加坡重視人才培育，設立新加坡人才開發部（MOM）。新加坡外匯金融廳（MAS）發表全年消費者物價指數（CPI）6.1%，國內物價高升，通膨擴大的影響，將金融寬鬆轉變成金融緊縮，但因新加坡投資環境優越完善，所以外來投資不受影響，特別是稅制優惠。雖然擁有華人 74%、馬來人 13%、印度人 9%，也是世界上宗教最多元的社會，但其發展經濟政策，內外一律平等、公正和包容，也深受企業家認同。

第三節　新加坡為發展經濟開發水資源策略

一、1965 年建國以來，推動「水資源開發政策」實現從無到有的供水戰略，發展經濟

　　新加坡是全國人口都能享用潔淨民生用水的少數國家之一，是能享受到如日本水資源的豐富、人民視之為理所當然，而能感到滿足的國家。但實際上，世界上許多國家像新加坡一樣，永遠為水資源不足而苦惱。

　　新加坡因地狹人稠，保護水資源的蓄水場所相當不夠。一個人口超過 592 萬人高密度（世界第二）的都市，要確保充分水資源供應並不容易，因此，自 1965 年建國以來，就以政府為中心，主導全力開發新水

資源，設定「四大水龍頭」確保新加坡用水安全水資源供給設施，好不容易才能實現供給全民安定的民生用水。

其四大水龍頭（蛇口）開發水資源設施：

1. 「蓄水池」利用雨水聚積，經過淨化過濾的處理得到民生飲用水方法。不僅在全國各地建立「蓄水池」設備，而該蓄水池的水量占全國總供水量的 10% 左右。

2. 開發再生用水（NEWater）取用下水道再生水源，經過消毒潔淨過濾處理，以高技術淨水處理再利用的水資源。現在 NEWater 全國建立五座水資源處理的生產場所，提供新加坡將近 40% 可引用再生水資源。由日本企業提供水資源處理高科技方法支援處理貢獻很大。

3. 「海水淡化」將海水淨化脫掉鹽分，取得無鹽淨淡水資源，其技術進步迅速於 2005 年新加坡開始設立「海水淡化廠」，至 2022 年在國內設立五廠，從西部「洲隆島」（音譯）開始海水淨化後，提供全國供水總量約 25%。

4. 最後，從馬來西亞南部「周娥奴州」（音譯）的「蓄水池」輸入淨化處理前的原水供應，提供全國需用水總量約占 25%。

預估至 2060 年的目標，NEWater 造水生產量要超過現在的三倍，而海水淡化造水生產量要提高到現在十倍，達成全國水資源供應完全自給自足。

發展經濟必備人才、資金、技術、資訊，這些新加坡都擁有了，但因天然環境、氣候變遷，水、電資源是新加坡積極開發經濟發展資源，才能使外資安心在新加坡投資，爲實現安定供給水資源，採取四大「水龍頭」將廢水回收變飲用水，確保開發水資源政策，全力以赴。

新加坡爲確保水源供應政策，實現安定供給水源，更加發展水資源處理的產業，一部分水源從馬來西亞輸入，成爲今天水資源企業家集聚中心，將弱勢變成強項，成功的把不可能變爲可能的國家，成爲全球培育技術人才的平台。新加坡公用事業局（Public Utilities Board, PUB）

為中心，研發排出 CO_2 減碳目標，新加坡開始接受聘用全球高科技人才的挑戰。

二、從「水資源開發政策」至「適應氣候變遷」的策略

新加坡全力確保水資源安定的兩大技術策略，NEWater 和海水淡化，今後重要性會愈來愈高。為此，新加坡開始研究如何適應氣候變遷的影響，因新加坡各地每年降雨量減少到發生旱災，重擊「蓄水池」的水資源和從馬來西亞「輸入」水資源的減少的危險性。為不完全依賴降雨利用 NEWater 和海水淡化，今後必須提高新水資源造水量的可能性愈來愈高。

但，不能完全放心，對上下水道一元化政策，新加坡政府 PUB 主管單位公布，新加坡水資源需要量，必隨著人口增加和經濟發展成長，預估至 2060 年約需增加與經濟發展至現在供水量的兩倍。

終究，NEWater 和海水淡化的造水，因受氣候變遷影響，減少蓄水池和輸入水資源供給量，不能涵蓋全部水資源的需求量，必因人口增加而增加水資源的必要性。

特別是下水道水資源再生利用和海水淡化，需要高科技的新能源，增加 NEWater 和海水淡化來增加造水。尤其，排碳量（CO_2）增大成為重大課題，為減少排碳量開始採取高科技必要的對策和行動。

例如，政府的 PUB 機構將生物科技組合開發，活用水資源處理排放 CO_2 減少方法，現在一貫處理淨化水資源領域，排碳量降到零排放的革新技術，徵求全世界解決此方案的人才的實施計畫。新加坡歡迎全世界企業共同合作研發的機會，提供研發獎金做實驗研發的資金，聘請全球相關領域高科技人才，全力推動此項共同新水資源研發計畫。

新加坡第四項確保水資源的政策：海水淡化生產設備（工廠），自海水至淡化大規模製造飲用水的自動化系統高科技設備，自 2021 年政府結合民間企業共同研發啟動生產。乾旱引用蓄水、雨季處理海水，

提高新資源效率，處理蓄水池優質的海水比較單純處理海水能源，耗費大量能源節控的可能性。2022 年 5 月在新加坡西部設立利用太陽能發電所冷卻和潔淨雨水的工廠。施設 17.6xMWP 發電能力，年間能減碳9,000 噸。

不僅政府經營的企業、民間企業也紛紛提供適應氣候變遷的技術和資金與政府合作，轉弱爲強，將造水產業變不可能爲可能。

新加坡一向是水資源不足的國家，重要課題在建置水資源相關產業據點，全力採取開發水資源戰略對策，從不放鬆。例如，利用優惠稅制：對環保、水資源產業領域，在新加坡設立據點的企業，不分海內外企業都同等享受優惠稅制。國際模範都市的「新加坡國際水資源週」（Singapore International Water Week, SIWW）自 2008 年開啓，這樣國際水資源節的活動展示會，集積全球水資源處理相關企業家、專家學者、行政機關，來自東南亞、歐美、中東等國家，成爲全世界商貿交易及商情資訊的產、官、學合作交流站。

其他，政府 PUB 主導的水資源育成設施，2004 年設立開設「新加坡水資源開發處」，促進水資源相關產業共同開發結果，新加坡國內水資源相關產業的國內總生產，自 2003 年至 2015 年約增加三倍，現在超過 100 家來自全世界水資源企業集中在新加坡生產。

日本名牌綜合化學——旭成化工和高機能材料的日東電工等多家企業進出新加坡，綜合化學東菱亦是其中一家。2009 年擴大開發水資源在新加坡的日本東菱水資源開發中心，政府的 PUB 和大學、工程師協會公司產、官、學合作，共同開發水資源處理革新技術，希望在東協（ASEAN）和印度地域內設立據點，一直在進行市場調查，將作爲研發水資源決策的依據。

總之，新加坡是小國家成爲水資源產業大國，爲發展經濟，因應氣候變遷和人口增加，帶來的水資源不足問題，不僅是新加坡亦是全球共同的問題。今後，預計氣候變遷更加嚴重，但終究，新加坡奮發自強

為克服氣候變遷，運用開發水資源領域高技術，把不可能變為可能。針對未來世界水資源不足解決問題產生重大啟發意義，亦是新加坡發展經濟——不缺水、不缺電、不缺人才，把不可能變為可能的重大成就，因之引進全球資金、人才、技術、資訊投入新加坡，促進新加坡經濟成長的主要驅動力。

第四節　新加坡經濟發展的未來展望

新加坡總理李顯龍於 2022 年 3 月 25 日在新加坡南部家電大廠「戴森（Dyson）」為新全球化移轉典禮發表賀詞強調：「為維持新加坡經濟持續發展，必須適應世界未來變化的傾向。」

Dyson 預定自 2023 年至 2026 年，要擴大投資新加坡 15 億 SGD。現在該公司已雇用 1,400 人以上員工，其中有 560 位技術人員和 250 位科學家；利用外國資金和高科技人才外，早在 2018 年已經和新加坡國立南洋理工大學合作研發機器人工學、機械學習、AI，提供研發設備環境。在全球化強烈競爭中開發新產品，促進新加坡的經濟成長，使全民獲利，並帶動當地人才成功的各種機會，為此，新加坡未來的經濟發展，諸如：Dyson 提供新加坡眾多人才育成的機會，促進與工程師協會、商業公會、高端科技製造業，企業從生產到銷售、物流企業一貫經營管理系統的主要生產據點。

李總理說：「新加坡國際競爭力優越，並非偶然，當然是經過全民不斷努力的結果。我們要持續維持優越的競爭力，必須更加的努力！將來不僅是非常強烈的外部競爭環境，對我們內部共同研發更為重要；亦是經濟全球化的安定基礎，在國際秩序中經濟長期繁榮的要素。」

「新加坡未來經濟發展需要確保更多人才。所以熱烈歡迎全球人才加入新加坡經濟發展，新加坡未來需要更多創新理念和科技人才加入經濟發展的行列。正如，Dyson 能供應經濟圈需求，在全世界設立據點；

新加坡因為擁有完善優越企業投資環境，政治安定，確保人才能充分發揮功能，充滿法治公平的社會多元環境，所以 Dyson 在新加坡設立發電廠，提供工業用電。目前計畫開始研發生產電動汽車（EV）、新能源產業。」

展望未來新加坡要持續經濟發展，必須維持以下發展經濟的基本政策：

一、更加開放的社會

李顯龍總理說：「我們的社會精神，必須不斷的開放。」新加坡歡迎新理念、新人才，不斷向外學習，克服變化，希望不要陷入自我滿足。要集合全世界最優秀科學家和工程師，融入新加坡的文化和社會，如果世界人才不能前來新加坡，新加坡可能就沒有了，經濟停滯，新加坡人就業機會減少，展望國家的未來充滿危機。

因此，加強產、官、學緊密合作，促進革新，特別歡迎外國在科學、技術、工業、數學、醫學、AI、數位發展等領域人才，加入新加坡產業育成和發展。

今後，新加坡要全力建構更有活力驅動經濟重要戰略，經濟繁榮必須實施更公平、公正的社會政策。要使經濟成長，必須引進從海外來的投資和人才，在經濟成長中包容所有高素質人才。所有新加坡人民分享經濟成長的分配，而對特別弱勢需要照顧的人給予援助；利用技術革新，對居住環境惡弱可能性的人，必須提供就業和生產性必要的訓練。對社會公平的目標目的，最後大家都生活在新加坡，參與新加坡經濟發展，支持新加坡更加開放，權力融入社會，希望一起貢獻社會發展。如此，才能促進新加坡人人享受到經濟成長與繁榮，維持良好幸福生活的循環。

「要讓外國資金願意投入新加坡設立企業，因有良好產業環境，政

治安定，確保人才、英雄都有用武之地，發揮功能，法治主義充滿在各式各樣生活中。新加坡經濟發展優於他國，並非偶然，當然是我們再三強調的，是新加坡全民共同的努力，加速成長才能在與外國競爭中建立優勢，更重要的是保障國家安全，是全球化穩定基礎，在國際秩序長年繁榮。」

新加坡的技術系統企業的將來，要確保人才在新加坡都有發展的機會，新加坡歡迎全球人才貢獻發揮新理念、創造新科技。

二、更加清廉、更高薪的政府

世界上沒有其他國家像新加坡這樣給部長如此高薪，但世界上確實也沒有其他島嶼能像新加坡如此發達 —— 閃亮、整潔、安全、沒有貪汙、犯罪率低。夜裡可以在街上散步或慢跑，婦女不會遇襲，警方絕不會受賄，意圖行賄的人會被嚴懲。這一切都不是偶然發生的，而是憑藉一套需要高薪受雇的部長制度，才有辦法建構而成的政治生態環境。

新加坡是一個彈丸小國，沒有任何資源。從歷史角度來看，它處在一個多變的地位，這片土地擁有一支超凡的領導團隊。

三、人人有房屋，家家是住戶

新加坡政府設立「建屋發展局」（HDB），目的為人人有房屋，家家是住戶。沒有了這個主管住屋的政府機構，新加坡的今天會是完全兩個樣。

設局的任務，讓新加坡每個人現在都擁有房屋，人人有房屋、家家是住戶，這項公共住宅政策的進展，現有幾乎所有（約 90%）世代都擁有自己的住戶，其他 10% 外來人口也擁有公共租屋，生活方便。

四、更高的就業率，更低的失業率

新加坡中央銀行（CIMB）預估 2023 年經濟成長率（GDP）約 2.5-3.5%，與其他經濟體比算高水準，由於將半導體需要下滑抑止，就業環境還算良好。實際上新加坡 2023 年經濟成長 1.2%，22 年來的失業率約 2%，大致可說是都能完全就業。

美國在海外高科技企業減員，並沒有影響從外國來新加坡的就業率。雖然世界經濟減速，需求低迷，外需的服務業牽引世界各地的經濟活動的復活。

長期透視新加坡經濟成長，因亞洲牽引今後世界經濟成長，可享受所得分配增加，消費也會增加，新加坡處於亞洲物流轉口中心，能得此種恩惠，樟宜國際機場擴建完成和 2022 年開港的「托阿斯」海港都是新加坡未來經濟發展的潛力。

如過去 50 年新加坡沒有任何資源而能生存發展到現在，是因引入外資投入，澈底確保人民就業機會。作為一個貿易國家，今後 50 年要將數位發展技術水準轉移至新經濟發展，疫後，新加坡政府數位貿易與世界各國進行簽署「數位經濟夥伴協定」（DEPA）比原有的自由貿易協定（FTA）貿易產業部任務將進入新階段。

如中央公積金是新加坡個人戶頭為基礎的退休基金。具有強力吸引外國科學家和工程師為新加坡服務就業和退休的尊榮。

在一個全球化的世界裡，技能、才智和幹勁將日益成為人們保持競爭優勢的關鍵，新加坡在全世界就是這個「關鍵」的國家。

像數位化和新技術，就是企業在環境保護（Environment）、社會責任（Social）、公司治理（Governance）（ESG）新領域的能量，不僅是就業，更是促進技術進步的要素。帶來服務業重要度增加，提高製造業附加價值。因此，在新加坡若能持續重視研究開發和確保智慧財產權，對新加坡未來的經濟發展將成為最有吸引人才和企業魅力的國家。

五、新加坡政府「人才開發部」是經濟發展的資源寶庫

年輕世代生育率低占 1%，人口減少是對新加坡將來發展經濟最大威脅，雖然世界有像開曼群島人口僅 7 萬人，就成為世界的金融貿易國之一的免稅天堂，究竟與新加坡的通貨金融廳（MAS）和貿易產業部的功能不一樣。新加坡少子化的對策，除了國內獎勵生育率提高外，外部環境需要包容各種族群，除華人占 74% 以外的印度系、馬來系等少數民族，不分國籍、宗教、文化都能一律平等，不分內外。為了發展經濟，正如實施改革開放，鄧小平說：中國的經濟「不管黑貓、白貓，會捉老鼠（經濟）就是好貓。」所以，李光耀總理為了改革開放新加坡經濟，他說：「包容各種族群、國籍。我們要的是資質才能最優秀的人才，而不是因為他是福建人或廣東人，原因是我們要引進許多尖端資訊科技人才。」

現今，新加坡人均國民所得是世界最高國家之一，要保持這樣高所得水準必須要高薪特殊技術人才，所以，必須確保這樣高薪的高科技人才，才能與其他高所得國家競爭。

低特殊技術的勞動力，被自動化技術和機器人所代替，新加坡機器人的密度世界最高，但新加坡為人口少（僅 592 萬人）的國家，需要的特殊工程師技術人才不足。依據國際機器人聯盟（IFR）調查，2021 年新加坡機器人製造業密度是 1 萬人勞動人口約占 670 臺最高；其次，是韓國占第二位。

「無論世界怎麼樣，新加坡都得去接受它，因為它實在小得無法改變世界。不過，我們可以在有限度的空間，嘗試最大限度的利用，在本區域的『巨樹』間穿梭。」李光耀總理「觀天下」最終的結論這樣說的：「早一代的新加坡人從無到有，建立了新加坡，我們那一代人真的做得很好。當年我領導這個國家，是窮盡一切努力來鞏固每一分成就。這個國家會在未來至少十年到十五年內繼續繁榮興盛。」

六、人民對國家認同是新加坡政治安定，經濟發展繁榮的動力

新加坡國家雖小，人口不多，但因經濟結構優越、金融制度完善、稅制優惠，吸引全球資金技術、人才研發、資訊暢通，轉口海、空擴及全球，貿易國際化、全球化，社會包容各國族群、宗教、文化，建立民主、自由、法治，重視教育平等的社會，人人住在新加坡只要你願意努力，都有成功的機會。依據作者多次赴新加坡參加各種學術論壇和參訪各地經濟建設，多數新加坡人都有強烈珍愛新加坡國家認同感、珍惜這個小島國家，自豪生爲新加坡人民的尊嚴、光榮和幸福深刻的感受。新加坡許多政治、外交、經濟政策，值得現在的臺灣借鏡，臺灣如繼續將精力內耗在社會分歧、國家認同分裂，可能會走向沒有希望的明天。

新加坡人對國家認同，無論哪國人、哪族人、哪種宗教、哪種文化，住在這個小島都市國家的人民都同心協力、奮發圖強，支持政府民生至上、經濟爲先，在沒有希望的地方創造希望的國家。這就是作者對新加坡的認同，未來經濟發展的展望。

參考文獻

1. Bridge Singapore Business News，新加坡經濟開發廳，2022年4月。

2. JCER 中国アジアウオッチ公益社團法人，日本經濟研究センター研究員 奧津茜，2023年3月10日。

3. Kausikan, Bilahari "The Arena Southeast Asia in the Age of Creat-Power Rivalry"Foreign Affairs, March/April 2021.

4. Weekly singa life，〈シンガポールの景氣回復しているのはなゼ，澈底解説します〉。2022年3月23日，取自網址：https://singalife.com/category/53801/。

5. シンガポールの經濟政策と雇用、消費の動向シンガポール財務省より，日本富國生命作成，2020年4月。

6. 中華民國外交部、經濟部國際貿易局、經濟部投資處，2023，〈新加坡：政治現況──政策變化、經濟環境、選舉追蹤〉。

7. 日本貿易振興機構（JETRO），〈シンガポールの經濟成長率の推移〉。2023年1月30日，取自網址：https://ecodb.net/country/SG/imf_growth.html。

8. 李光耀著，周殊欽、林琬緋、陳彩霞、顧耀明共譯，2014，《李光耀觀天下》（One Man's View of the World），天下文化出版。

9. 第一回シンガポールの最新經濟狀況を探る，Singa Cetepiz，2023年2月1日。

國家圖書館出版品預行編目(CIP)資料

亞洲之鑽石龍——新加坡／許文志，賴錦全，
　張李曉娟，李昭華著. ——初版. ——臺北
　市：五南圖書出版股份有限公司, 2024.10
　面；　公分
　ISBN 978-626-393-829-8 (平裝)

1.CST: 經貿　2.CST: 國家發展　3.CST: 新
　加坡

552.387　　　　　　　　113014813

1MAU

亞洲之鑽石龍──新加坡

作　　　者 ─ 許文志、賴錦全、張李曉娟、李昭華

企劃主編 ─ 侯家嵐

責任編輯 ─ 吳瑀芳

特約編輯 ─ 張碧娟

封面設計 ─ 封怡彤

出 版 者 ─ 五南圖書出版股份有限公司

發 行 人 ─ 楊榮川

總 經 理 ─ 楊士清

總 編 輯 ─ 楊秀麗

地　　　址：106臺北市大安區和平東路二段339號4樓

電　　　話：(02)2705-5066　　傳　　　真：(02)2706-6100

網　　　址：https://www.wunan.com.tw

電子郵件：wunan@wunan.com.tw

劃撥帳號：01068953

戶　　　名：五南圖書出版股份有限公司

法律顧問：林勝安律師

出版日期：2024年10月初版一刷

定　　　價：新臺幣300元

經典永恆・名著常在

五十週年的獻禮——經典名著文庫

五南，五十年了，半個世紀，人生旅程的一大半，走過來了。
思索著，邁向百年的未來歷程，能為知識界、文化學術界作些什麼？
在速食文化的生態下，有什麼值得讓人雋永品味的？

歷代經典・當今名著，經過時間的洗禮，千錘百鍊，流傳至今，光芒耀人；
不僅使我們能領悟前人的智慧，同時也增深加廣我們思考的深度與視野。
我們決心投入巨資，有計畫的系統梳選，成立「經典名著文庫」，
希望收入古今中外思想性的、充滿睿智與獨見的經典、名著。
這是一項理想性的、永續性的巨大出版工程。
不在意讀者的眾寡，只考慮它的學術價值，力求完整展現先哲思想的軌跡；
為知識界開啟一片智慧之窗，營造一座百花綻放的世界文明公園，
任君遨遊、取菁吸蜜、嘉惠學子！